d

Beat Sterchi

Capricho

Ein Sommer in meinem Garten

Diogenes

Diogenes Verlag AG Zürich
www.diogenes.ch
50/21/44/1
ISBN 978 3 257 07117 7

für Anna

Inhalt

Der Marder, die Geier und die Hacke

Der Ginster blühte. Die terrassierten Hänge, durch welche die schmale, holprige Straße von Morella hinunter in mein Dorf führt, sahen aus wie mit Goldstaub überzogen. Natürlich freute ich mich, dass die Reise problemlos verlaufen war, ich freute mich aber auch darauf, neben meiner Arbeit am Schreibtisch wieder den Gemüsegarten in Betrieb nehmen zu können.

Kartoffeln wollte ich setzen!

Zum ersten Mal!

Mindestens zwölf Furchen stellte ich mir vor. Zwölf schöne, gerade Kartoffelfurchen, jede so lang, wie der Gemüsegarten breit ist! Gleich am ersten Tag wollte ich mit Mähen und Hacken beginnen.

Als ich aus dem Wagen stieg, war das Erste, was ich hörte, das Zwitschern der Vögel.

Erwartungsgemäß hatte das Unkraut meinen *huerto,* wie man hier einen bewässerbaren Gemüsegarten nennt, kniehoch überwuchert. Auch das Brombeergestrüpp hatte sich wieder unanständig breitgemacht. Aber die Mandeln waren nicht erfroren, der Apfelbaum blühte, die beiden noch kleinen Olivenbäume hatten gut überwintert, und wenn auch verdeckt und bedrängt, waren die Reben und die Rosenstöcke munter am Treiben und Sprießen.

Gleich nach der Ankunft bin ich hingegangen, und auf dem Weg zurück ins Dorf plante ich das Vorgehen, überlegte mir, welche Werkzeuge ich zuerst brauchte und wo sie zu finden wären. Nebenbei bemerkte ich, dass in der Schweinemästerei Jauche ausgefahren worden war, und gleichzeitig kam mir ein alter Land Rover entgegen, in welchem ich meinen Nachbarn Ramón mit seinem Bruder als Beifahrer erkannte. Beide rauchten eine Zigarre, beide waren braungebrannt, beide lachten.

Cuando vienen del campo vienen cantando, sagte ich in den Land Rover hinein. Heißt es nicht, von der Arbeit auf dem Feld komme man singend zurück?

Ramón schüttelte den Kopf: *¡Vienen cansados!* Man kommt müde zurück. Dann lachte er, sein Bruder lachte auch. Es war gut, sie lachend und unverändert zu sehen.

Oben im Dorf begegnete ich Rosé, der Nachbarin von gegenüber. *Bienvenido,* sagte sie. Dann fragte sie, ob ich es schon gehört hätte.

Was? Wer ist gestorben?

Niemand, sagte sie, aber ein *hurón* habe ihre Hühner umgebracht, alle zusammen! Stell dir vor! Alle fünf Hühner und den Hahn dazu!

Kann ja nicht sein, sagte ich, und während sie beteuerte, wie wütend sie das mache, wusste ich wieder nicht, ob ein *hurón* ein Marder, ein Wiesel oder ein Frettchen ist.

Das Biest dringt einfach ein und bringt sie alle um! Schon das zweite Mal! Hast du vielleicht eine Ahnung, was man da machen kann?

Leider hatte ich überhaupt keine Ahnung, hatte auch nur geantwortet: Schwierig, schwierig. Oder zumindest war es das, woran ich mich erinnerte, als ich am nächsten Tag zum Dorf hinaus zurück in meinen *huerto* ging und an dem Heuschober vorbeikam, bei welchem ich einmal eines dieser Viecher unter dem Dach habe verschwinden sehen.

Jetzt trug ich auf der linken Schulter die Sense und die Hacke, die ich aus dem alten Stall geholt hatte. Auch eine große Gartenschere hatte ich dabei. Der Himmel war schon leuchtend blau und über dem nahen Felsrücken, den man im Dorf *El Castillo* nennt, sah ich Geier kreisen. Mindestens ein halbes Dutzend. Und von Weitem sah ich den alten Marcos beim Bewässern in seinem *huerto*. Er hob den Arm zum Gruß und ich hob den Arm zum

Gruß, dachte dann, was für eine schöne Geste, und hob den Arm gleich noch ein zweites Mal.

Es war kühl, aber es war ein göttlicher Morgen. Ich zog meine Jacke aus und fuhr mit der Sense in das kniehohe Unkraut, als hätte ich mein Leben lang nichts anderes getan. Dann legte ich auch die Rosenstöcke und die Reben frei, bekämpfte das Brombeergebüsch mit der großen Schere, kam schon bald ins Schwitzen, entdeckte dann wild und üppig wachsenden Mangold, sogar einen aufgeschossenen Mandelbaum-Sprössling, und als ich mit dem Umgraben begann, wurde mir bald bewusst, dass ich dringend eine bessere Hacke brauchte, sonst würde ich das nie schaffen mit diesen zwölf schönen Furchen für die Kartoffeln.

Gerne hätte ich mir notiert, dass ich den Kuckuck und einen Specht gehört hatte, auch das Ächzen der hohen Stämme der Pappeln im Wind, aber ich hatte kein Notizbuch dabei.

Sonst hätte ich darin auch vermerkt, dass ich mich bemühen wollte, fortan bedächtiger vorzugehen.

Vor der Scholle verneigt man sich nicht in Eile.

Am zu schnellen Mähen, am zu schnellen Hacken, am allgemeinen *Jufeln* erkennt man den Anfänger.

Das wusste ich.

Aber langsam zu arbeiten, will geübt sein.

Auch zurück ging ich auf dem schmalen Weg dem Bewässerungskanal entlang. Dort, wo das Wasser nicht durch wucherndes Gestrüpp und Wildgras verdeckt war und ich es sehen konnte, war es glasklar, floss üppig, und als ich ein sanftes Platschen hörte, wusste ich, dass das ein Frosch gewesen war.

Weiter vorne wartete der alte Marcos.

Den Strohhut in den Nacken geschoben, drehte er sich eine Zigarette.

Als ich fragte, ob er die Geier über dem Castillo gesehen habe, lachte er: *¡Hombre!* Das sind Krähen!

Ups!, sagte ich.

Während wir zum Dorf hinaufgingen, machte er sich lustig über den Zustand meiner Landwirtschaft.

Als er kichernd verstummte, sagte ich, ich hätte schon gemäht, auch mit Umgraben, also mit Hacken, hätte ich begonnen, wisse aber gar nicht so genau, was man jetzt am besten alles säe oder anpflanze.

Zuerst mal Zwiebeln! Wie letztes Jahr!, sagte er.

Wieder mit Kunstdünger?

Nein, du brauchst richtigen Mist.

Meinst du von der Schweinemästerei?

Nein, Schafmist ist besser!

Er habe eine ganze Ladung bei Ramón geholt.

Der gibt dir auch welchen. Und kostenlos!

Ich könne ja runterfahren zu dessen Hof.

Und als ich sagte, ich wolle es in diesem Jahr auch mit Kartoffeln versuchen, sagte er, klar, das sei ja der Sinn der Sache, wozu ich sonst einen *huerto* bräuchte! Zum Setzen könne ich aber nicht gekaufte verwenden, die seien chemisch behandelt, damit sie nicht keimten.

Er gebe mir dann welche.

Und mit einem verächtlichen Blick auf meine geschulterte Hacke sagte er noch: Wenn du willst, kann ich dir auch eine richtige Hacke leihen. Eine aus der Zeit noch vor dem Krieg! *¡De antes de la guerra!*

Schon gut, ich will mir eine neue anschaffen, sagte ich.

Als ich nach Morella fuhr, um Zeitungen zu kaufen, ging ich in die Eisenwarenhandlung.

Die Eisenwarenhändlerin begrüßte mich freundlich und fragte mich dienstbeflissen nach meinen Wünschen.

Sie verkaufte mir nicht nur eine leichtere Hacke, sie zeigte mir auch, wie sich diese bei dem nach oben sich verdickenden Stiel von selbst festmacht, indem man ihn auf den Boden schlägt. An der Kasse bedankte ich mich, rühmte ihr Fachwissen, und sie fragte, ob ich mich nun der Landwirtschaft widmen wolle.

Nur ein paar Furchen Kartoffeln, sagte ich.

Dann viel Spaß, sagte sie und begleitete mich zur Ladentür. Gemäß meinem Notizbuch habe ich auch noch die Zeit gefunden – vermutlich in einem Café in Morella –, ein paar Worte über ihre schwarzen Haare aufzuschreiben, die sich gelöst hatten, als sie mir zeigte, wie man den Stiel an der Hacke befestigt.

Zurück im *huerto* bemühte ich mich mit der neuen Hacke um einen ruhigen, stetigen Rhythmus. Der längere Stiel und das kleinere, geschärfte Blatt machten die Arbeit wesentlich leichter. Ich dachte an die Alten des Dorfes, die ich noch habe hacken sehen in ihren terrassierten *huertos*. Wie sie die Hacke anhoben und fallen ließen, ohne Kraft aufzuwenden, ohne die Hacke im Boden zu verhaken, wie mir das noch immer passierte. Wie geschickt sie nebenbei Kraut und Wurzeln erfassten und von Erde befreit zu einem langgezogenen Haufen zur Seite schoben. Breitbeinig, im rechten Winkel vornübergebeugt und sehr, sehr langsam, aber stundenlang – so hackten die Alten.

Schön langsam, sagte ich mir.

Da war wieder der Specht, die Krähen, in den Pappeln der Wind.

Einfach hacken.

Langsam hacken.

Schön langsam, sagte ich mir abermals und dachte wieder an die Alten, die ihr halbes Leben mit dem Hacken ihrer kleinen Äcker verbracht hatten.

Als es zu regnen begann, hörte ich auf.

Ich verbarg die Hacke hinter einem Brombeerstrauch und begutachtete noch einmal das kleine, aufgebrochene Stück Erde.

Noch fehlte der Mist und noch hatte ich keine Saatkartoffeln.

Auf dem Heimweg sah ich den alten Marcos mit seiner Frau Inmaculada auf dem Dorfplatz vor der Taverne.

Es hatte schon wieder aufgehört zu regnen.

Und? Hast du gedüngt?

Noch nicht, sagte ich, aber eine neue Hacke habe ich, worauf mich die Señora Inmaculada überrascht anschaute und fragte, ob ich jetzt einen *huerto* hätte?

Ja, sagte ich. Nur einen kleinen.

Um sich zu beschäftigen, sagte Marcos.

Aber wozu?, wollte sie wissen.

Einfach so, sagte ich und sie meinte: *¡Un capricho y ya van!*

Einfach eine Laune und nichts weiter!

Ja, warum nicht, sagte ich mir.

¡Un capricho! Eine Laune!

Später fragte ich Marcos, ob er von dem Marder im Hühnerstall von Rosé gehört habe.

Ja, sagte er, aber es sei fast unmöglich, einen Hühnerstall ganz dicht zu machen. Der *hurón* könne bei Bedarf seinen Kopf verkleinern und überall, wo der Kopf durchgeht, kommt er rein. Mit Daumen und Zeigefinger zeigte er ein Loch von der Größe eines *Fünflibers,* also eines Fünffrankenstücks.

Das Tellereisen, der Mist und der Mond

Weil ich Mühe hatte, den roten Faden zu finden und hinter dem Haus eine Schafherde hörte, verließ ich meinen Schreibtisch. Ganz nahe beim Dorf sah ich die Schafe im Gelände. Mit bimmelnden Schellen suchten sie auf dem kargen Boden ihre Kräuter zusammen. Auch Ziegen waren dabei, die sich gegen die Stämme der Steineichen und der Mandelbäume stemmten, auf die Trockenmauern kletterten. Weil nur Ramón neben den Schafen auch Ziegen hält, wusste ich, dass dies seine Herde war.

Während sich die Tiere über mehrere der terrassierten Äcker fraßen, stand er auf einen Stock gestützt mit seinen beiden Hunden bei Gonzalo und schaute zu, wie dieser mit einer Maurerkelle Zement anrührte, um damit einen Betonpfosten im Boden zu verankern.

Weil die Feriengäste im Dorf immer Holz klauten, müsse er diesen Zaun bauen, erklärte Gonzalo.

Denn diese Steineichen hier, die gehören ihm. Und überhaupt, sagte er noch, während er mit der Kelle weiter im Zement rührte, ich müsse ja mitbekommen haben, wie schamlos hier gestohlen werde.

Ich beteuerte, dass ich diesbezüglich überhaupt nicht klagen könne, und fragte Ramón nach dem Mist.

Anstatt zu antworten, blies Ramón heftig in das gleiche Horn.

Nicht nur Brennholz, auch Mandeln klauen sie!

Mandeln?

Und wie! Direkt von den Bäumen!

Dazu lachte er.

Aber nur, weil ein Baum vergessen und unbeschnitten in der Landschaft stehe, hieße das noch lange nicht, dass jeder einfach zugreifen könne!

Hier habe alles einen Besitzer und es wäre nichts als anständig, dass man, so wie ich eben gerade wegen des Mistes, um Erlaubnis frage.

Ich könne natürlich so viel Mist haben, wie ich wolle, ich könne jederzeit runterfahren zu seinem Hof und dort bei den Schafställen selber davon aufladen, aber wenn er dort jemanden sehen würde, der sich einfach so bediene, würde ihm das sehr wohl missfallen.

Später, nach dem Essen, legte ich mich auf das Bett.

Nur fünf Minuten, sagte ich mir, aber als ich zu der Uhr hinüberschaute, war eine halbe Stunde vergangen.

Ich zog die Arbeitshose an, lud die Säcke und die Schaufel, die ich für den Schafmist brauchte, in den Volvo und fuhr auf dem steinigen Feldweg in südlicher Richtung zum Dorf hinaus.

Die Fahrrinnen wurden schnell tiefer, die Löcher grösser. Vorsicht war geboten.

In den Trockenmauern klafften riesige Wunden.

Ich hatte vergessen, wie schon wenige hundert Meter unterhalb des Dorfes das Kulturland verwilderte und wie steil die einstigen Rebberge dort zu einer Schlucht abfielen, in welcher sich nachts die Steinböcke auf der Suche nach Wasser einfanden.

Auch hier waren die Stützmauern der terrassierten Äcker stellenweise eingestürzt, die kleinen Unterstände, die einst vor Sonne, Wind und Wetter schützten, abgedeckt und verwahrlost. Zwischen neu aufgeschossenen Föhren sah ich im Unterholz eine Kuh mit einem schwarzen, eben geworfenen Kalb, weiter unten, mitten im steinigen Geröll noch zwei Kühe, dann hinter einer engen Kurve Ramón mit seinem Traktor auf dem Weg zurück zu seinem Hof. Hinten auf der Verschalung des rechten Rades hatte er einen Sack geladen.

Vor dem Traktor hoppelte ein braunes Schaf auf dünnen, schwarzen Beinen wie aufgescheucht davon.

Ramón manövrierte den kleinen Traktor über den Rand des Weges hinaus, um mich passieren zu lassen.

Er komme nach, die Herde bringe sein Bruder, rief er. Nur wenig schneller als er, um möglichst schadlos zu bleiben, steuerte ich den Volvo die zerfurchte, steile Piste hinunter.

Auf dem Hof bellten, kläfften, jaulten und tobten mindestens ein halbes Dutzend Hunde an rasselnden Ketten.

Die Ställe für Rinder, Schweine und Schafe waren offene, ziemlich willkürlich zusammengezimmerte Gehege. In einem Koben aus zusammengeschnürten Paletten blökten ein gutes Dutzend Lämmer. Ein hochachsiger Pferdewagen stand schief auf nur einem Rad, und mitten in einem Durcheinander aus rostigen Pflügen, vergessenen Backsteinen und alten Pneus sah ich den Schafmist. Es war ein Haufen wie ein kleiner brauner Berg.

Und schon kam auch der Traktor angeknattert.

Das braune Schaf war verschwunden.

Als Erstes warnte mich Ramón vor den Hunden, die einzeln vor ihren Hütten angekettet waren. Ich solle ihnen nicht zu nahe kommen. Dann wies er mich an, den Volvo zu wenden und rückwärts an den Misthaufen heranzufahren.

Er rauchte eine riesige Zigarre, die ihm aus seinem stoppeligen, braungebrannten Gesicht ragte wie ein abgesägter Besenstil.

Ich nahm die Säcke und die Schaufel aus dem Wagen. Der Mist sah aus wie Torf, war trocken, teilweise verklumpt.

Während wir ihn zusammen in Säcke schaufelten, blökten die Lämmer weiter, und ich fragte Ramón nach dem braunen Schaf.

Ohne die Zigarre aus dem Mund zu nehmen, sagte er, das sei unterwegs am Bach saufen gegangen, es habe zwei Lämmer geworfen, die habe er im Sack dort auf dem Traktor.

Als er von neuem begann aufzuzählen, wer im Dorf oben was und wie viel klauen würde, fragte ich ihn, ob er gehört habe, dass ein Marder in den Hühnerstall von Rosé eingedrungen sei.

Das komme halt vor, sagte er.

Bei dir auch?

¡Claro!

Und was macht man da?

Er nahm die Zigarre aus dem Mund und sagte: Ich kann dir zeigen, was ich gemacht habe, als mir im letzten Frühjahr einer meine sämtlichen Tauben und auch noch ein halbes Dutzend Hühner getötet hat! Ich mag gebratene Tauben sehr. Und weil es schwierig ist, ihr Geschlecht zu erkennen, kann es dauern, bis du wieder ein Paar hast.

Er ging in den lottrigen Schafstall und kam mit einem Tellereisen zurück.

Damit habe ich das Viech erwischt.

Es war ein grob geschmiedetes, rostiges Ding. An einer kurzen Kette hing ein Dreizack.

Als ich das Gemetzel im Hühnerstall gesehen habe, berührte ich nichts, stellte nur die Falle auf und am nächsten Tag erwischte ich das Männchen, am darauffolgenden Tag das Weibchen.

Er kniete auf den Spannbügel und drückte unter sichtbar großer Anstrengung die beiden gezahnten halbrunden Bügel auseinander, bis er die kleine Eisenzunge, mit welcher sie aufgespannt festgehalten werden, am Tellerrand verriegeln konnte.

¡Eso es peligroso! Das ist gefährlich.

Mit hochrotem Kopf erhob er sich, suchte am Boden nach einem Stein und warf ihn in den geöffneten Eisenrachen.

Die Falle schnappte zu, sprang dabei mit einem harten Schlag einen halben Meter in die Luft.

Klar sei das verboten, sagte er lachend, aber ihnen verbiete man sowieso alles. Und alles andere sei geschützt.

In Spanien schütze man den Wolf, den Bären, die Steinböcke, den Fuchs und sogar den Geier.

Alles ist geschützt, nur ich nicht. Und alles nur, weil ich in der Schule ein Esel war. Die Esel zu den Schafen! Schon mit 13 hat man mich deshalb zum Hirten gemacht.

Und jetzt habe er den Dreck.

Und wieder lachte er.

Als ich mich mit einem vollen Sack zum Wagen bewegte, begannen die Hunde wieder zu toben und zu bellen und ich fragte scherzhaft, ob ich mir einen Hund aussuchen könnte, er habe ja so viele.

Er nahm seine Zigarre aus dem Mund, fixierte die rauchende, graue Spitze und erzählte plötzlich sehr ernst, nur ein paar Jahre sei es her, da habe man ihm seine beiden Hunde vergiftet und er sei ohne diese völlig verloren gewesen.

Die Schafe gehorchen deinen Befehlen nämlich nur, weil sie wissen, dass die Hunde da sind. Wenn du keinen Hund hast, kannst du rufen, so viel du willst, die Herde macht, was sie will.

Weil ihn die neuen Hunde dann so viel Geld gekostet hätten, habe er selbst mit dem Züchten begonnen.

Damit ich immer welche zur Verfügung habe, sagte er. Auch wenn man mir wieder einen vergiftet, denn ohne Hunde bist du verloren!

Als die Säcke mit dem Schafmist aufgeladen waren und ich ihn nach dem Preis fragte, sagte er: *¡Nada! ¡Eso no vale nada!* Das kostet nichts!

Du kannst auch jederzeit mehr davon holen kommen. So viel du willst, wiederholte er, nahm dann seine Zigarre aus dem Mund und sagte wiederum grinsend: Aber aufgepasst! Nicht, dass du meinst, du könntest die Kartoffeln jetzt setzen! Erst am Samstag, übermorgen ist Vollmond, da heißt es abwarten!

Ist das dein Ernst?, fragte ich.

Wenn du nicht wartest, hast du zuletzt nur viel Unkraut und keine Kartoffeln!

Natürlich entging ihm nicht, dass ich den Kopf schüttelte.

Schau!, sagte er, erkundige dich im Dorf, egal bei wem. Da würde niemand vor Vollmond Kartoffeln setzen, auch der alte Marcos nicht. Das sei so und nicht anders!

Während ich am Volvo die Heckklappe schloss und mich ans Steuer setzte, öffnete er seine linke Hand und zeigte mir eine kleine, leicht entzündete Verletzung. Auch die Wunden heilen besser, wenn der Mond wieder abnimmt, sagte er.

Die Maus

Nachts hatte ich eine Eule oder einen Kauz gehört, auch den Kuckuck, und am Morgen, als ich am Schreibtisch noch immer vergebens nach dem roten Faden suchte, sah ich eine Maus. Sie streckte oben auf dem in die Ecke gemauerten Wandschrank gerade eine Pfote aus, wie um über die Kante des Schranks hinaus zu prüfen, ob sie da runterkommen könnte. Mir schien, sie hätte die Krallen ausgefahren. Sie tastete sich vor, dann verschwand sie wieder, zeigte ihren listigen kleinen Kopf an einer anderen Stelle und versuchte es erneut. Sie beugte sich über die Kante, fand abermals keinen Halt und zog sich wieder zurück. Sie musste durch das Loch, durch welches ich ein Stromkabel gezogen hatte, dort hinaufgelangt sein. Irgendwie wollte mir die Vorstellung, wie diese Maus über meine Hemden und Hosen spaziert, vielleicht sogar unter einem Pullover ein Nest baut, überhaupt nicht behagen, und ich nahm mir vor, später eine Falle aufzustellen.

Weil der Morgen frisch und mir ziemlich kalt war, ich auch keine Ahnung hatte, wie ich den roten Faden finden könnte, zog ich andere Schuhe an, steckte mir mein Notizbuch in die Tasche, verließ das Haus und gelangte, ohne auch nur einer Katze zu begegnen, zum Dorf hinaus.

Im *huerto,* wohin ich am Vortag den Mist von der Straße her noch Sack um Sack über den schmalen Weg am Bewässerungskanal entlang getragen und liegengelassen hatte, machte ich weiter mit Hacken. Ich hörte wieder den Specht, die im Wind ächzenden Stämme der Pappeln, das Zwitschern der Vögel und auch wieder den Kuckuck.

Bald wurde mir warm, ich begann sogar zu schwitzen, obschon ich mich wiederum bemühte, langsam und stetig, ohne jegliche Hast vorzugehen.

Ich dachte dabei an den am Schreibtisch verborgenen roten Faden, an die Maus und immer wieder an das, was ich gerade tat. Umgraben würde man dazu andernorts sagen. Bloß, dass man dies hier nicht mit der Stechschaufel, sondern mit der Hacke macht.

Breitbeinig, über die Erde gebeugt.

Und langsam.

So müsste es doch auch am Schreibtisch wie von selbst gehen, dachte ich. Dabei fiel mir ein Meister der Bedächtigkeit ein, den ich bis jetzt vor allem für die Bildhaftigkeit seiner Texte bewundert hatte, und den ich mir entschieden nicht im Zustand der Eile vorstellen konnte. Er würde mir vielleicht weiterhelfen können. Ich nahm mein Notizbuch hervor und schrieb auf eine neue Seite: *Sonntag/besorgen!* Und darunter: *Josep Pla.*

Beim Weiterhacken lockerte sich am Stiel das Eisenteil. Ich ging mit der Hacke zu einem großen Stein am Rande des *huerto*. Ich hob den Stiel und ließ ihn mehrmals kraftvoll auf den Stein niedersausen, um die Hacke wieder zu befestigen, wie mir dies die Verkäuferin in Morella gezeigt hatte.

Gerade als ich ein weiteres Stück des Ackers in Angriff nehmen wollte, stand der alte Marcos auf dem Weg oben auf der Mauer neben dem Bewässerungskanal. Er nahm den Strohhut vom Kopf, kratzte sich mit der gleichen Hand in seinem dicken, weißen Haar und kicherte.

Nur so weiter!, sagte er. Unverhohlen musterte er meine Arbeit. Dann sagte er, er habe mir Saatkartoffeln besorgt. Er habe den Korb in den Eingang meines Hauses gestellt.

Warum hast du sie nicht gleich mitgebracht?, fragte ich.

Hombre, sagte er. *¡No es luna!* Der Mond stehe nicht richtig! Ich müsse den Vollmond abwarten. Erst am Samstag könne ich die Kartoffeln setzen.

Dann tat er, als hätte er eine Kartoffel in den Händen und demonstrierte, was er sagte. Ich solle sie nachher schön zwischen den Augen hindurch entzweischneiden und immer mit der Schnittfläche nach unten in den Boden legen!

Ich bedankte mich und sagte, dass ich das genau so machen würde.

Er sagte: *¡Bueno!* Und ging schlurfend davon.

Ich hackte noch das übriggebliebene Stück und begann, den Schafmist aus den Säcken zu verteilen und mit der Hacke unter die Erde zu mischen.

Gerade als ich den letzten Sack ausleeren wollte, stand dort, wo Marcos gestanden hatte, Nachbar Joaquín oben auf der Mauer, schaute vorwurfsvoll auf mich herab und sagte: Aber warum hast du nicht gewartet? Ich habe doch gesagt, ich würde mit der Maschine vorbeikommen! Das hätte ich in einer halben Stunde hingekriegt.

Ich unterbrach meine Arbeit, wischte mir den Schweiß von der Stirn, und während ich mich zu Joaquín an die Mauer begab, dachte ich, wie gut es war, dass mir der Lärm seiner Gartenfräse erspart geblieben war und ich genau so, wie man das in diesem Dorf seit Jahrhunderten tat, die Erde selber hacken konnte.

Muchas gracias, sagte ich, das ist sehr nett. Aber das Hacken tut mir gut.

Und morgen hast du Rückenschmerzen.

Die habe ich heute schon.

Ob ich denn überhaupt wisse, wie man die Kartoffeln auch richtig setze?

Noch bevor ich sagen konnte, Marcos habe es mir erklärt – entzweischneiden und mit der Schnittfläche nach unten in den Boden –, sagte Nachbar Joaquín: Die Saatkartoffeln entzweischneiden und mit der Schnittfläche nach oben in den Boden!

Vielleicht, weil er meinen erstaunten Blick bemerkt hatte, sagte er noch, es gebe auch Leute, die das nicht so machten, aber die seien selber schuld, denn so müsse sich die Pflanze zwar erst anstrengen, habe dann aber mehr Kraft, was die Kartoffeln größer mache.

Aber nicht jetzt!, sagte er.

Nein, natürlich nicht jetzt, sagte ich, erst am Samstag, wenn der Mond wechselt.

Genau! *¡Muy bien!*, sagte er.

Als ich tags drauf wieder am Schreibtisch saß und sich der rote Faden noch immer nicht zu erkennen geben wollte, dachte ich, dass da vielleicht auch der Mond dahinterstecke. Wie ich mich auch bemühte, ich kam nicht vom Fleck. In der Hand hatte ich zwar meine Feder, aber im Kopf hatte ich den Mist, fragte mich, ob er wohl ausreichen würde, überlegte auch, was im *huerto* als Nächstes alles zu erledigen war, und bemerkte, dass ich mich offensichtlich darauf freute, endlich in zwölf schönen Furchen meine Kartoffeln setzen zu können. Auch an den Sonntag dachte ich. Auf dem Markt wollte ich gleich dutzendweise Setzlinge kaufen. Für Gemüse und Salat. Und mindestens 100 Zwiebeln!

Und dann machte sich wieder die Maus bemerkbar. Diesmal auf dem Regal ganz nahe hinter meinem Rücken. Erst hörte ich sie nur *chräscheln*, dann konnte ich sogar sehen, wie sie geschäftig rumschnupperte und über meine Bücher spazierte, als suche sie etwas Bestimmtes, bis sie plötzlich so schnell und unerklärlich verschwunden war, dass ich annehmen musste, sie sei durch das Griffloch in einem dort zwischen den Büchern stehenden Archiv-Ordner gekrochen.

Ich nahm den Ordner vom Regal und ging damit in den Garten hinter dem Haus. Es war ein schwarzer, spanischer Ordner, der in einer vor Staub schützenden Box steckte.

Als ich ihn aus dieser Kartonhülle zog, sprang die Maus hinaus, in hohem Bogen mindestens einen Meter weit in einen Rosmarinstrauch, und war weg.

Weil ich vergessen hatte, was er enthielt, schob ich den Ordner nicht gleich zurück in seine Hülle.

Ich klappte ihn auf.

»¡Así es la vida!«

Samstagmorgens stellte ich den Korb mit den Saatkartoffeln von Marcos oben auf die Mauer, spannte mit zwei Holzpflöcken eine Schnur, nahm die Hacke von dem Ast des Apfelbaumes, wo ich sie am Abend davor aufgehängt hatte, und begann, langsam, aber stetig die erste, gerade Furche in die jetzt lockere, mit Schafmist gedüngte Erde quer durch den für die Aussaat vorgesehenen Acker zu ziehen.

Gemäss meinem Notizbuch war mir vorher auf dem Weg durch das sonst noch stille Dorf zum *huerto* das Geschrei der Mauersegler aufgefallen. Auch wie sie sich nachher pfeifend zu immer neuen Sturmangriffen formierend, mit rauschendem Gefieder über die terrassierten Äcker hinunterstürzten. Tollkühn und ausgerichtet wie Fliegerstaffeln. Ich hatte auch festgehalten, dass in den ersten Sonnenstrahlen eine Katze von den schreiend ausschwärmenden Vögeln unbeeindruckt auf einer weißen Gartenmauer döste.

Und dass neben dem Kirchturm der Mond auf der Höhe der Uhr voll und rund am blauen Himmel stand.

Noch nicht einmal in der Mitte meiner dritten, schönen, geraden Kartoffelfurche angekommen, erschrak ich, weil Nachbar Joaquín unbemerkt aufgetaucht war und von oben herab sagte:

¡Hombre! Warum um Himmels willen hackst du so wütend drauflos?

Während es mir durch den Kopf ging, dass ich mich also bemühte, meinen Rhythmus zu verlangsamen und so vorzugehen, wie es sich gehört, dabei aber offensichtlich noch immer den Eindruck erweckte, ich würde hacken wie einer, der nichts begriffen hat, sagte ich: Weil heute der Mond wechselt und ich die Kartoffeln setzen will!

Aber nicht so!, sagte Joaquín. Solche langen Querfurchen anzulegen, mache keinen Sinn. So würde das Wasser beim Bewässern nicht mal bis in die Mitte fließen.

Er zog noch einmal an seiner Zigarette, ließ sie dann fallen, drückte sie mit dem Schuh in den Boden, hob den Stummel auf, steckte ihn in die Hosentasche und kam von dem Weg auf der Mauer über die kleine Rampe in den *huerto* herunter. Wie selbstverständlich nahm er mir die Hacke aus den Händen, markierte damit eine Rinne der Mauer entlang, dann rechtwinklig dazu noch eine in der Richtung der Pappeln und sagte: Diese Gemüsegärten sind alle so angelegt, dass das Wasser immer Richtung Bachbett fließt, aber nur beschränkt zur Seite umgeleitet werden kann.

Hier, sagte er, das sind zwei Hauptwasserrinnen, nach diesen richtest du alles andere aus. Dann hast du beim Bewässern kein Problem. Auch dann nicht, wenn im Juli das Wasser knapp werden sollte.

Und die Kartoffeln setzt du so.

¡Así!, sagte er mit Nachdruck.

Anstatt meine Furchen weiter zu ziehen, machte er ein Beet, in welchem er erst eine schlangenförmige Rinne in die Erde hackte und dann abermals eine Querrinne anlegte.

Für die Saatkartoffeln, die du dort im Korb hast, brauchst du zweimal vier solche Beete. Hier vier und dann nochmals vier.

Siehst du?

Locker und immer von beiden Seiten die Erde anhäufeln. Ich mache das immer in zwei Arbeitsgängen, sagte er. Es gibt Leute, die machen es in einem einzigen, weil sie es können. Ich mache es aber immer in zwei.

Die Erde bleibe dann schöner und länger gerade.

Und wenn du gräbst oder hackst, sagte er, immer

in der Gegenrichtung zum Wasser, das beim Bewässern die Erde wieder in die andere Richtung schwemmen wird.

Aber Vorsicht! So wenig wie möglich in den Beeten rumgehen. Immer, wenn du kannst, in der Bewässerungsrinne bleiben. Denn du bist schwer, für den Boden ist das nicht gut. Um atmen zu können, muss die Erde locker sein.

Bevor sich Joaquín verabschiedete, zündete er sich eine neue Zigarette an und entschuldigte sich leicht verlegen für die vielen Anweisungen, die er mir gebe.

Aber, sagte er, wenn ich ein Buch schreiben wollte, dann könntest du mir auch helfen, weil davon verstehe ich nichts. Dann wärst du derjenige, der Ratschläge erteilt.

Ohne zu erwähnen, dass ich mich mit dem unauffindbaren roten Faden am Schreibtisch gerade mindestens so hilflos fühlen würde wie hier beim Setzen der Kartoffeln, sagte ich, dass er sich nicht zu entschuldigen brauche und dass ich ihm sehr dankbar sei, ihm deshalb auch eine Flasche Wein vor die Haustür stellen werde.

¡No, no!, sagte er und ging mit einer abwehrend erhobenen Hand dem Kanal entlang davon.

Während ich die Beete in den Acker hackte, wie er sie markiert hatte, hörte ich wieder das Rufen,

Zwitschern und Zirpen der Vögel und das leise Tuscheln der Pappeln im Wind.

Meine schönen, geraden, langen Furchen hatte ich bald vergessen.

Beim Setzen drückte ich immer im Abstand einer Schuhlänge eine aufgeschnittene Kartoffel mit der Schnittfläche nach unten und die nächste mit der Schnittfläche nach oben in die Erde. Die einen sagen so, die andern sagen so, dachte ich dabei wiederholt. Dann deckte ich die gesetzten Kartoffeln zu, indem ich eine Hand tief Erde anhäufelte.

Als ich alle Saatkartoffeln aus dem Korb auf die acht Beete verteilt und gesetzt hatte, stieg ich auf den Vorsprung in der Trockenmauer, auf welchem der Kanal und der Weg verlaufen, kniete mich nieder und entfernte erst den flachen Stein, dann das Brett und die alten Lumpen, die während des Winters die Zuleitung zu meinem *huerto* verschlossen hatten, und machte damit den Kanal dicht. Das Wasser staute sich, der Pegel stieg an und erst sparsam, dann immer opulenter fiel es sprudelnd in die angelegte Rinne hinunter und schlängelte sich wie von Joaquín geplant im ersten Beet um die frisch und mondgerecht gesetzten Kartoffeln herum.

Am Sonntag weckte mich schon früh ein bellender Hund.

Ich schlüpfte in Hose und Hemd, kochte mir in der Küche einen Kaffee und suchte hier am Schreibtisch bei offenen Fenstern nach dem roten Faden meiner Arbeit. Wegen des nun heftiger wehenden Windes stand ich wieder auf, um das nach Norden gehende Fenster zu schließen, und bald darauf starrte ich auf die schwarzen Ränder an meinen Fingernägeln und musste mir eingestehen, dass meine inzwischen schon schwielige rechte Hand lieber wieder zu der Hacke als zu der Feder greifen würde. Ich zwang mich, mehrere Sätze zu Ende zu schreiben, obschon ich jeweils schon nach ein oder zwei Wörtern den Verdacht hegte, dass sie nicht wirklich in sich stimmten und nirgends hinführten. Ich ersetzte vermeintlich unpassende Wörter durch neue, die mir schon beim zweiten Lesen noch unpassender vorkamen als die alten, und ich änderte unablässig die Abfolge der Satzteile, aber was ich fabrizierte, deckte sich nicht im Geringsten mit jenen Empfindungen, denen ich meinte, Ausdruck verleihen zu müssen.

Bevor ich nach Morella auf den Markt fuhr, ging ich noch einmal in den *huerto.* Ich hatte das Dorf schon hinter mir, als ich ein Motorengeräusch hörte. Es war der Geländewagen von María Angeles, die zusammen mit ihrem Bruder den zweiten der beiden noch übriggebliebenen Höfe des Dorfes bewirtschaftete. Mit einem Viehanhänger am Heck rollte sie langsam zu der Brücke hinunter, wo sie anhielt.

Näher kommend sah ich, dass sie ein gutes Dutzend leicht unruhige Lämmer geladen hatte. Sie hatte das Fenster heruntergelassen, streckte einen Ellbogen heraus und war mit ihrem Mobiltelefon beschäftigt. Ich grüßte und María Angeles sagte, als schuldete sie mir eine Erklärung: Milchlämmer! Milchlämmer für das Schlachthaus.

Sie würden hier abgeholt.

Dann wiederholte sie es: Ins Schlachthaus, nachdem es uns so viel Mühe gekostet hat, sie aufzuziehen.

Weil mir nichts anderes einfiel, sagte ich: Und auch noch an einem Sonntag.

¡Así es la vida! So ist das Leben!, antwortete sie und lachte.

Auf dem schmalen Weg, der von der Straße abzweigt und dem Kanal entlang, an den anderen *huertos* vorbei, zu dem meinen führt, dachte ich, dass ich genau dies am Vortag beim Setzen der Kartoffeln nach den sich widersprechenden Anweisungen meiner gutmeinenden Nachbarn auch in mein Notizbuch geschrieben hatte: Die einen sagen so, die andern so. *¡Así es la vida!* So ist das Leben.

Beim Betrachten der von der Nässe dunklen

Beete von der Mauer herab, freute ich mich. Immerhin!, sagte ich mir. Wenn ich am Schreibtisch schon nicht vom Fleck komme, wenigstens hier habe ich etwas geschafft.

In Morella, wo auf Grund eines alten Sonderrechts sonntags immer ein Markt stattfinden darf und ich mich bei den Gemüseständen um Setzlinge kümmern wollte, kaufte ich zuerst *El País* und *La Vanguardia*.

Und ich fragte den Buchhändler, der nebenbei auch Zeitungen verkauft, ob er etwas von Josep Pla hier habe. Er glaube *El cuaderno gris* sei da, aber eben auf Spanisch, nicht auf Katalanisch.

Während er es in einem nahen Regal suchte, fragte er: Schon in den Ferien?

Na ja, sagte ich, Ferien ist nicht das richtige Wort.

Von denen, die hierherkommen, sagen wir halt, sie seien in den Ferien.

Aber ich arbeite, sagte ich und dachte, was die Kartoffeln betrifft, stimmt das sogar. Dann sagte ich noch: Und ich lese.

Wir, die wir Literatur lesen, wir haben immer zu tun, antwortete der Buchhändler.

Genau. *Eso es cierto.* Aber ganz sicher, sagte ich, kaufte, weil ich keinen dabei hatte, noch einen Kugelschreiber und steckte alles in meine Tasche.

Adiós und viel Vergnügen mit Josep Pla, er gehört zum Feinsten, was wir zu bieten haben, sagte der Buchhändler zum Abschied.

Zu meinem großen Bedauern war der Laden, in welchem ich sonst immer bei einem Kaffee einen ersten Blick in die Zeitungen geworfen hatte, geschlossen und in einen Souvenirshop verwandelt worden. Ich setzte mich in einer nahen Cafébar an einen Tisch auf der Gasse. Das kleine Städtchen war schon sonntäglich belebt, und noch bevor ich eine Zeitung aufschlagen konnte, zog eine alte Bekannte meine Aufmerksamkeit auf sich, die gekrümmt und langsam, auf einen Stock gestützt an meinem Tisch vorbeiging.

Sie grüßte nicht.

Ich grüßte nicht.

Dann geriet eine Dame in mein Blickfeld, die sehr unglücklich aussah und die ich in jugendlicheren Zeiten auch gekannt zu haben glaubte.

Ich grüßte wieder nicht.

Dann zogen etliche mir bekannte Herren vorbei, die in meiner Erinnerung allesamt weder stattliche Bäuche hatten noch auf krummen Beinen gingen. Gerade als ich aufstand, um mich endlich um meine Setzlinge zu kümmern, tauchte Próspero auf. Er begrüßte mich überschwenglich, erkundigte sich eingehend nach meinem, dann auch nach dem Wohlergehen meiner Familie. Auch er ging mittlerweile am Stock, auf den er mit einem Seufzer verwies und zweimal damit auf den Boden schlug.

Er erzählte dann von dem großen Glück, dass ihm seine kleinen Enkelinnen bereiteten. So eine Freude! So ein Geschenk! Auf die Zwillinge sei er besonders stolz. Die seien unglaublich hübsch. Aber klar, die Mutter sei hübsch, der Vater sei hübsch, also kein Wunder!, sagte er verschroben wie eh und je. Aber auch der Russe sei hübsch. Ein ganz flotter Kerl, der Russe!, sagte er, während er sich in die Jackentasche griff und ein Foto hervorholte, auf welchem ein kleiner, blonder Junge lachte und strahlte wie ein Engel.

Wer ist denn das?, fragte ich.

Das ist der russische Adoptivsohn der Tochter.

Und als er das Bild wieder weggesteckt hatte und ich sagte, jetzt müsse ich mich aber um die Setzlinge kümmern, hob er die Schultern und sagte: Schade, aber so ist das Leben. *¡Así es la vida!* Dann würden wir halt beim nächsten Mal zusammen ein Bier trinken.

Noch bevor ich die Setzlinge, die ich brauchte, gefunden und gekauft hatte, begegnete ich Juan Manuel, dem ehemaligen Betreiber des jetzt geschlossenen Ladens, in welchem ich immer gerne Kaffee getrunken und meine Familie gerne Tapas gegessen und auch eingekauft hatte.

Darf man das, einen schönen Laden einfach so zumachen?, fragte ich.

Ach schau, ein neuer Lebensabschnitt. *¡Así es la vida!* So ist das Leben!, sagte Juan Manuel.

Aber freut mich sehr, dich zu sehen.

Danke, gleichfalls.

Auf ein anderes Mal!

Auf dem Weg zurück zum Volvo wollte ich noch Brot kaufen. Beim Bewältigen der Stufen, die man zur Bäckerei hochsteigen muss, fiel mein Blick auf einen kleinen, beschriebenen Zettel. Der Zettel war so schmutzig, dass ich ihn nicht aufheben wollte, aber ich bückte mich, um zu lesen, was auf ihm geschrieben stand. Es war eine Einkaufsliste. Die Handschrift war schon etwas vergilbt, aber leserlich. Ich nahm die Zeitung *El País,* die ich eben gekauft hatte, aus der Tasche und schrieb mit dem neuen Kugelschreiber auf den weißen Rand der letzten Seite:

papel W
aceite de girasol
atún

Kaum hatte ich die Zeitung wieder eingesteckt, stand mein lieber Freund Miguel neben mir. *¿Que hay?* Was ist los?, fragte er auf seine trockene Art.

Er begleitete mich in die Bäckerei und dann zum Parkplatz. Bevor wir uns verabschiedeten, sagte er, am kommenden Dienstag gebe es am Fernsehen Fußball. *Champions League.* Ein Spitzenspiel. Atlético gegen Real Madrid. Er habe sich aus diesem Anlass mit einigen Freunden, die ich alle kennen würde, zum Essen verabredet. Ich sei auch eingeladen.

Als ich mich bedankte und sagte, es könnte gut sein, dass ich mit von der Partie sein würde, könne mich aber noch nicht festlegen, meinte Miguel nur: *¡Así es la vida!*

Die Jungfrau, ein Kreuz und die Nacht

Beim Weiterhacken in jenem Teil des *huerto*, der noch von einem dichten Wurzelteppich bedeckt und außer von dem wuchernden Brombeergestrüpp mit sehr zähem Gras bewachsen war, wurde mir bewusst, welch beträchtliches Stück Boden ich wiederum urbar gemacht hatte, während mir am Schreibtisch jeglicher Ausblick auf Neuland verwehrt geblieben war. Mit meiner eigentlichen Arbeit kam ich nicht vom Fleck.

Ich führte die Hacke möglichst langsam, hob sie wegen des verflixten, harten Krauts hoch über den Kopf, um sie mit Schwung niedersausen zu lassen, was mich weniger Anstrengung kostete, aber trotzdem ins Schwitzen und außer Atem brachte.

Während ich mir eine Pause gönnte und mir mit einem Taschentuch das Gesicht trocknete, hörte ich Motorengeräusch und sah durch das Blattwerk der Pappeln hindurch, wie ein weißer Lieferwagen über die Brücke und weiter ins Dorf hinauffuhr, wo er zu hupen begann, um seine Ankunft zu vermelden. Weil dieser immer dienstags ins Dorf kam, wusste ich, dass es der ambulante Fischhändler sein musste.

Und einmal, als ich erst den Specht, dann von der Schweinemästerei her das Quietschen und Schreien der Schweine hörte, schaute ich zu den Pappeln hoch, und da kam mir die kleine Kapelle in den Sinn, die sich nur ein paar hundert Meter hinter den sich wiegenden Bäumen befand.

Ich lehnte die Hacke gegen die Trockenmauer und stieg auf den Weg hinauf, der dem Kanal entlangführte. Ich war schon mehr als zwei Wochen hier, hatte der Schutzpatronin des Dorfes aber noch keinen Besuch abgestattet, obschon dies eigentlich zum gängigen Ritual des Ankommens gehörte.

Von den *huertos*, die sich hier aneinanderreihten, wurden außer meinem nur noch wenige bebaut. Fast alle waren verwildert oder für immer verschwunden unter eingestürzten Trockenmauern. Und von einer vergessenen Vogelscheuche waren im hochwuchernden Gestrüpp nur noch Fetzen eines vergilbten Hemds zu sehen.

Rund um den Vorplatz der Kapelle verlief eine Steinbank, auf die ich mich setzte und gleich bemerkte, dass der kleine Glockenturm misstrauisch auf mich herunterschaute.

Ich griff nach meinem Notizbuch und hielt fest, was mir zu meiner harzenden Arbeit am Schreibtisch einfiel.

Ich befand mich schon auf dem Weg zurück, als ich mir überlegte, ich müsste doch, wenn ich schon hergekommen war, wenigstens einen Blick durch die vergitterte Öffnung in der verschlossenen Tür ins Innere der Kapelle werfen, um so der im Dorf verehrten Jungfrau die Reverenz zu erweisen, denn immerhin wurden ihr etliche kleine und große Wunder nachgesagt. Hilft es nicht, so schadet es auch nicht.

Ich machte das von außen einschaltbare Licht an, sah über ein halbes Dutzend Sitzbänke hinweg hinten im schummrigen Halbdunkel die in einem goldbrodierten Kleid steckende Marienfigur und kam mir lächerlich vor. Aber, dachte ich, dass genau hier jene Quelle aus dem Felsen sprudelte, ohne die es weder das Dorf noch meinen *huerto* geben würde, sei sehr wohl ein Umstand, dem man mit Respekt begegnen könnte, ohne gleich zu meinen, eine von Plastikblumen umkränzte Puppe von der Größe eines kleinen Kindes müsste einem Ungläubigen helfen, die Schwierigkeiten mit seinem Schreibvorhaben zu überwinden.

Später am Abend, zurück von dem Fußballspiel, schon halb eingeschlafen, hackte ich weiter, jedoch mit der Feder in meinem Kopf. Ob mit der Hacke oder mit Tinte, ich schien plötzlich zu wissen, worum sich alles drehte: Erde aufbrechen, Wurzeln durchschneiden, mit der zweizackigen Seite alles, was nicht Erde ist, wegkratzen, zusammenrechen, die Erde fruchtbar machen, auf leeren Seiten mit viel Geduld Neues keimen und wachsen lassen.

Mitten in der Nacht wachte ich wieder auf. Vielleicht ging es auch schon gegen Tagesanbruch. Ich sah durch das Geländer des Balkons hindurch eine helle Scheibe, ziemlich groß, fast voll und gelblich und wunderte mich.

Ich wunderte mich darüber, wie mir erst nach ein paar Sekunden bewusst wurde, dass dies wieder der Mond war. Gleichzeitig fiel mir auch ein Gespräch ein, das ich tagsüber mit Nachbar Joaquín geführt hatte. Es war um das Pflügen und um das Hacken gegangen, als er plötzlich behauptet hatte, nicht nur das Setzen der Kartoffeln sei bei zunehmendem Mond zu vermeiden, auch das Pflügen solle man in dieser Phase sein lassen. Und weil ich Zweifel geäußert hatte, war er ins Haus gegangen, war mit einem Buch wiedergekommen und hatte gesagt: Hier steht alles drin. *Aquí está todo.*

Er zeigte mir eine Tabelle, die für jeden Monat Hinweise zum richtigen, mondgerechten Säen, Pflanzen und Ernten aufführte.

Vielleicht komme es bei mir nicht so darauf an, weil mein *huerto* so klein sei, aber sonst, wenn man vor Vollmond pflüge oder hacke, fließe das Wasser später beim Bewässern nicht richtig durch die Furchen, es versickere an Ort und Stelle, und schau!, sagte er. Hier steht auch, wann du die Haare schneiden lassen sollst.

¿Como? Wie bitte? Ich lachte.

Aber das ist bewiesen, sagte er ein bisschen beleidigt. Wenn du willst, dass die Haare stärker wachsen, dann darfst du nicht bei Neumond zum Coiffeur gehen.

Und was machen die Coiffeure bei Neumond?, fragte ich. Den Laden zu?

Nein, sagte Joaquín, es gibt auch Leute, die wollen nicht, dass der Bart oder die Haare stärker wachsen.

Während er im Buch weiterblätterte, dachte ich daran, wie ich mit den am Sonntag auf dem Markt erstandenen Setzlingen in meinen *huerto* gegangen war und unterwegs hatte beobachten können, wie Joaquín behutsam eine Kalebasse in die Erde pflanzte.

Mit einem Holzkeil hatte er ein Loch gegraben,

Wasser hineingegossen, die Pflanze sanft und sachte in den Boden gesetzt, die Wurzel zugeschüttet, die Erde angedrückt und dann – alles von Hand – nochmals Erde gegen die Pflanze geschoben und eine ringförmige Vertiefung mit einem Rand gemacht.

Und jetzt noch einmal gießen. Ich mache es immer so, hatte er gesagt.

Am Morgen – der Himmel begann sich erst gerade aufzuhellen – hörte ich wieder die Vögel. Es piepste und zwitscherte und trällerte, als befände sich mein Schlafzimmer in einer Voliere, dann kam es mir vor, als würden vor dem Fenster Instrumente gestimmt, als würden Piccoloflöten und Klarinetten ausprobiert. Dazwischen auch wieder der Ruf eines Kauzes und ganz nah dazu auch noch das Krähen eines Hahns und weit weg der Kuckuck.

Bis ein Hund zu bellen begann und ich aufstand.

Gemäß meinen Notizen hatte ich dann bemerkt, dass der Kaffee wie geschmolzenes schwarzes Gold über den Schnabel der Kanne in die bereitgestellte weiße Tasse lief, und daraus offenbar gefolgert, dass meine Sinne klar und wach waren und ich den roten Faden meiner Arbeit spielend aufnehmen und weiterspinnen können würde.

Zuerst las ich die paar Seiten durch, die ich mir,

so wenige es auch waren, als ein erstes Kapitel vorstellte, schlug dann die kleine Notiz auf, die ich bei der Kapelle gemacht hatte, und während ich versuchte, die Fliege zu ignorieren, die mit aller Kraft gegen die Scheibe des Fensters knallte, fügte ich den drei kläglichen, in den letzten Tagen zusammengeschusterten Abschnitten noch drei weitere hinzu. Sie entbehrten jeglicher Notwendigkeit, hatten sich aber in einem halben Dutzend Anläufen hinschreiben lassen und taten jetzt so, als wären sie einer fassbaren Gewissheit verpflichtet. Ihrer Stümperhaftigkeit zum Trotz gaben sie mir auch noch das falsche Gefühl, doch etwas weiter gekommen zu sein, und weil ich sogar noch ein wenig stolz war, dass ich mich durch die andauernden Frontalangriffe der blöden Fliege gegen das Fensterglas nicht hatte aufhalten lassen, zog ich mir mit ruhigem Gewissen die Gartenschuhe an und nahm meine Schildmütze vom Haken an der Wand.

Auf dem Weg zum *huerto* traf ich José Antonio, den Besitzer der Schweinemästerei. Er wünschte mir einen schönen Tag und fragte, was ich von dem Fußballspiel von gestern halten würde.

Wahnsinn, oder nicht?

Und anstatt meine Antwort abzuwarten, lieferte er eine vernichtende Kritik des Schiedsrichters!

¡Hombre, eso no puede ser! Das kann doch nicht sein!

Während er erbost seine Argumente ausbreitete, indem er einzelne Entscheide mit genauen Beschreibungen der umstrittenen Szenen zu widerlegen versuchte, wurde mir bewusst, dass ich das Spiel schon fast vergessen hatte. Nebeneinander waren wir weitergegangen und mir fiel zum ersten Mal auf, dass sich José Antonio eigentlich in einem sehr trottigen Schritt bewegte. Als wäre er ein Pferd, hob er seine Knie bei jedem Schritt höher an als notwendig. Wenn er aber stehenblieb, um mir ins Gesicht zu schauen, lehnte er sich zurück, hob die Arme voller Empörung hoch, um sich dann kraftvoll und laut lachend auf die Schenkel zu klopfen.

Bei der Brücke unten am Dorf angelangt, sahen wir bei den sich dort befindenden Containern der Müllsammelstelle die Nachbarskinder Juan, Brenda und Carmen. Sie hatten ihren Hausmüll hergebracht und Flaschen entsorgt.

Schaut, was wir gefunden haben!, riefen sie uns zu.

Willst du es?, fragten sie mich.

Es war ein Kreuz aus Plastik, an welchem eine sehr bunt bemalte Jesusfigur befestigt war und das vermutlich irgendwo über einem Bett gehangen hatte. Es war offensichtlich, dass es den Kindern gefiel.

Warum wollt ihr das Kreuz nicht selber behalten?, fragte ich.

Wir dürfen vom Müll nichts nach Hause bringen, antworteten sie, und zumindest die kleine Carmen schien dies sehr zu bedauern.

Wenn ich das eigentliche Spiel auch schon vergessen hatte, war mir von dem Fußballabend doch das Essen in Erinnerung geblieben. Ich hatte mir auch die Mühe gemacht, unter dem Stichwort »Gänge« ein paar Einzelheiten festzuhalten.

Als Erstes hatte es *caracoles de mar* gegeben. Kleine, poplige, sehr salzige Meeresschnecken, die wir aus schönen Gehäusen grübelten. Sie waren nicht warm, aber auch nicht ganz kalt. Dann waren *mejillones* aufgetischt worden, also Miesmuscheln. Diese waren noch warm und schmeckten schon besser. Danach kamen Sardinen, direkt aus der Frittüre. Sie waren in Essig eingelegt worden und waren sehr lecker. Darauf waren frittierte *sepia* gefolgt, also kleine Tintenfische. Inzwischen hatten auch ein oder zwei Körbchen mit Brot auf dem Tisch gestanden und eine neue Flasche Rotwein. Von diesem Wein hieß es, man solle ihn, anders als die drei vorangegangenen Flaschen, ohne Limonade, also unverdünnt trinken. Dann hatte es zwei Teller mit Heuschreckenkrebsen gegeben, die *galeras* genannt werden und die genau abgezählt waren. Für jeden drei Stück. Dann waren noch zwei Teller mit *chorizo* gekommen, einer paprikaroten Trockenwurst mit in Scheiben geschnittenem Schafskäse aus der Region. Zum Kaffee – das Spiel auf dem Bildschirm war vielleicht schon zu Ende gewesen – hatte es wie üblich den *cognac* genannten spanischen Brandy und für jeden noch zwei Stück Kuchen gegeben. Eines war schokoladenbraun, das andere gelb.

Den wirklichen und eigentlich einzigen Glanzpunkt des Abends hatte ich aber erst danach erlebt: Es war die Nacht! Das heißt, der Mond, die Sterne, die Stille.

Auf dem Weg zurück in mein Dorf hatte ich angehalten, war ausgestiegen und staunte, als hätte ich in meinem Leben noch nie eine Nacht gesehen. In den vorangegangenen Tagen hatte ich zwar am Himmel über der Kirche mehr als einmal den Abendstern bemerkt, aber die Nacht hatte ich nicht wirklich wahrgenommen. Jetzt war ich überzeugt, einen magischen Moment zu erleben. Wie benommen starrte ich in diese aufgehäufte funkelnde Fülle am schwarzen Himmel und hörte erst auf damit, als mich der Nacken schmerzte.

Kaum war ich wieder auf der Straße, musste ich

so stark auf die Bremse gehen, dass der Volvo den Motor abstellte. Ein Hase war wild hin und her hopsend im Lichtkegel der Scheinwerfer vor mir hergerannt, als wäre er in diesen eingeschlossen, bis ich plötzlich meinte, er sei mir unter die Räder geraten. Vielleicht war es aber auch gar kein Hase, vielleicht war es ein wildes Kaninchen. Schon tauchte es wieder auf und verschwand erst bei der nächsten Kurve mit einem verwegenen letzten Sprung über den Straßenrand hinaus in den dort wuchernden Ginster.

Später schaltete ich noch den Fernseher ein, machte ihn aber gleich wieder aus, öffnete das Fenster, sah wieder den erleuchteten Himmel, und als ich erst das Rauschen der Stille, dann auch noch den Schrei einer Eule hörte, dachte ich: Darüber solltet ihr mal einen Film machen. Über das Rauschen der Stille in der Nacht. Und weil ich, schon im Bett, auch dachte, mit diesem Gedanken müsste ich meine ins Stocken geratene Schreibarbeit spielend fortsetzen können, begann es in meinem Kopf wieder zu hacken.

Ein Herzschrittmacher, der Junge mit der Flinte und der Fuchs

Im *huerto* war alles am Sprießen und am Wachsen. Und es schneite. Der noch brachbraune Kartoffelacker war von weißen, flockigen Samen übersät, die aus Richtung der Pappeln sanft vom Himmel herabschwebten. Ich hatte auch gesehen, dass eine weiße Rose blühte, die sich auf meinem Schreibtisch gut gemacht hätte, ließ sie aber stehen.

Vögel zwitscherten und trällerten. Die Mauersegler pfiffen. Fliegen und Mücken jeder Art schwirrten herum, überall war ein großes Hin und Her, eine Riesengeschäftigkeit, nur den Specht, den hörte ich nicht mehr. Sein Haus war gebaut.

Als Erstes machte ich den Bewässerungskanal sauber, indem ich im kühlen, frischen Wasser mit bloßen Händen die dichten Moospolster entfernte, dann pflanzte ich Kohl, jätete das Beet der Auberginen, begoss mit einer Petflasche die Salatsetzlinge und begann, für die Tomaten ein Steckengerüst aufzurichten, das ich genau so baute, wie ich es beim alten Marcos und bei Nachbar Joaquín gesehen hatte.

Einmal hörte ich vom Dorf her die Glocke der Kirche die Stunden schlagen. Beim zweiten Durchgang zählte ich mit: Eins, zwei, drei, vier … Dann ließ ich die Schläge mitsamt ihrem Echo hinter den Pappeln ungezählt verhallen.

Später hörte ich hinter mir ein fast gläsernes Knacken, als wäre etwas am Zerbrechen. Auf einem Stein in der einen Seitenmauer hackte ein aufgebrachter Vogel mit flatternden, weit ausgebreiteten Flügeln wild und schnell auf eine Schnecke ein. Das Schneckenhaus lag in Stücken und der Vogel, vermutlich eine Amsel, kam mir vor wie ein böser kleiner Adler, er schien nur noch aus seinem Schnabel zu bestehen, und der war ohne Gnade.

Bevor ich die Hacke an den Ast des Apfelbaumes hängte, rodete ich ein weiteres Stück vom noch überwucherten Teil des *huerto* frei.

Auf dem Weg zurück traf ich beim Dorfeingang den alten Eugenio, der mit Aureliano dort auf der Bank in der Sonne saß. Aureliano hatte den kleinen braunen Köter mit dem Greisengesicht und den Bleistiftbeinen auf dem Schoß. Als ich ihm zum ersten Mal begegnet war, hatte ich gezögert, dieses Tier an Aurelianos langer Leine für einen Hund zu halten. Der Kopf trug zwar die Züge eines Pinschers, die Schnauze war aber zusammengestaucht, als wäre es ein Boxerwelpe, und dazu sah dieses unmögliche kleine Viech auch noch uralt aus, und zwischen seinen dünnen, zerbrechlichen Läufen hing ein Glied, das so auffallend überproportioniert groß war, dass ich es nicht hatte übersehen können. Aureliano war oben auf der Mauer über meinem *huerto* gestanden und ich muss seinen neuen Begleiter ziemlich ungläubig angestarrt haben, denn Aureliano erklärte mir gleich, es handle sich hier um ein Geschenk der Tochter. Als ich darauf sagte, nachdem ich ihn begrüßt hatte, das sei aber nett von der Tochter, hatte er gekichert, wie nur er kichern kann, und gesagt, man habe angeblich herausgefunden, dass alte Leute mit einem Hund 10 Jahre länger leben würden, jetzt frage er sich dauernd, warum seine Tochter denn nicht auf die Idee gekommen sei, ihm zwei Hunde zu schenken?

Natürlich hatte er dann weitergekichert und gelacht, und auch jetzt lachte er und wollte wissen, ob ich schon Kartoffeln ernten würde.

Anstatt Aureliano zu antworten, schüttelte ich dem alten Eugenio die Hand. *¡Mucho gusto!* Schön dich zu sehen, sagte ich und fügte hinzu, es sei, als träfen sie alle langsam wieder ein, die dorfstämmigen Sommergäste. Gleichzeitig konnte mir nicht entgehen, dass Eugenio, seit wir uns zum letzten Mal gesehen hatten, rund 20 Jahre gealtert war. Aus einem kräftigen, stattlichen Mann, der nach Katalonien emigriert war und dort ein Leben lang als sehr tüchtig geltender Maurer gearbeitet hatte, war ein schmaler Greis geworden. Auf meine Frage nach seiner Gesundheit antwortete er aber: *¡Espléndido!* Großartig! Seit ihm ein Herzschrittmacher eingepflanzt worden war, gehe es ihm so gut wie nie zuvor.

Ein Herzschrittmacher?

Davon hatte ich nichts gewusst.

Er wollte ihn mir auch gleich zeigen, aber während Eugenio das Hemd aufknöpfte, begann Aureliano wieder zu kichern, streichelte den Rücken des kleinen braunen Tiers auf seinem Schoß und sagte, die gleichen Ärzte, die dem alten Eugenio den Herzschrittmacher eingepflanzt hätten, wollten ihm nun bei Gelegenheit auch weiter unten noch so ein Gerät einbauen, obschon er gehört habe, dass dies schon schwieriger sei.

Der alte Eugenio ließ sich aber nicht beirren, zeigte mir die rötliche Wölbung unterhalb seiner Schulter, wo der Herzschrittmacher steckte, und sagte, weil ich ihn danach gefragt hatte, er habe gerade seinen 84. Geburtstag feiern können.

Als er dann erzählte, wie er bei einem Schlaganfall gestürzt sei und wie die Ärzte, ohne deren Kompetenz er nicht mehr hier wäre, sich um ihn gekümmert hätten, meinte Aureliano sagen zu müssen, aber sterben werde er trotzdem.

Ja, sicher, sagte Eugenio darauf, aber nicht jetzt.

Gut, jetzt nicht, *ahora no,* sagte Aureliano, aber eines Tages bestimmt.

Ja, eines Tages bestimmt, hatte Eugenio noch gesagt, dann hatte er sich, während er sich das Hemd wieder zuknöpfte, zurück auf die Bank gesetzt und hatte geschwiegen.

Aus meinem Notizbuch geht hervor, dass mich dann noch eine Katze besuchte.

Es war ein schon sommerlicher Tag gewesen, und ich hatte für die Siesta die Hängematte hervorgeholt, um unter dem Mandelbaum im Garten hinter dem Haus weiter in dem Buch von Josep Pla zu lesen, von welchem ich mir hilfreiche Anregungen für mein Schreibvorhaben erhoffte. Ich hatte es noch kaum richtig aufgeschlagen, da kauerte sich eine braun gesprenkelte Katze vor mich hin, um mit schön ausgerichteten Vorderpfoten zu beobachten, wie ich sie beobachtete. Wir starrten uns lange an und ich fragte mich, ob sie mir vielleicht etwas sagen wollte oder ob ich gut daran täte, die unerschütterliche Ruhe, die sie in ihrer Bewegungslosigkeit ausstrahlte, als ein Zeichen für meine Arbeit zu verstehen.

Seit ein paar Tagen glaubte ich zwar, mehrere Fäden in der Hand zu halten, zweifelte aber noch immer, dass der wirkliche rote Faden darunter war, befürchtete sogar, mich möglicherweise ein weiteres Mal zu verheddern. Dabei war mein Schreibvorhaben überhaupt nicht unbescheidener oder gar vermessener Natur. Ganz im Gegenteil. Aber anders als im *huerto* war mir das Vorgehen nicht klar, ich wusste nicht, was ich zu tun hatte. Nur dass eine bestimmte Geschichte unbedingt erzählt werden wollte, das glaubte ich zu wissen.

Wie schon an den Tagen davor ging ich abends auf den Dorfplatz, um vor der Taverne bei einem Bier mit dem dort vorhandenen Netzzugang meinen elektronischen Briefkasten zu öffnen. Ich setzte mich an einen leeren Tisch neben die vier Kartenspieler. Einer von ihnen war Marcos. Er drehte sich um, schaute von seiner Hand auf und fragte genauso spöttisch, wie dies mittags Aureliano getan hatte, ob ich schon Kartoffeln ernten würde?

Ich grüßte trotzdem freundlich und sagte mit einem Blick auf Basilio, einen weiteren, neu eingetroffenen Sommergast: Aha, heute seid ihr zahlreich genug zum Kartenspiel.

Ich klappte dann meinen Laptop auf, und noch

bevor er aufgestartet war, bemerkte ich den Jungen, der etwas weiter unten mit einer krachenden Flinte rumhantierte. Er war offensichtlich dabei, auf die Mauersegler zu schießen, die dort unter den Dächern nisteten und beim Füttern ihrer Brut hier allabendlich für regen Flugverkehr sorgten.

Während er die Karten neu mischte, sagte Basilio sich an mich wendend, der Bub sei sein Enkel. Aus Valencia. Dort sei so etwas natürlich nicht möglich und vermutlich sei er auch nur mit ihm ins Dorf gekommen, weil er hier mit diesem Gewehr schießen dürfe. Die Mutter würde die Kinder am straffen Zügel halten, denn auf der Straße spielen in Valencia? *¡Ni hablar!* Unmöglich! Obschon der Junge ja schon zwölf sei. Und mit einem Blick in die Runde fuhr er fort: Wenn er daran denke, was er mit zwölf Jahren schon alles verbrochen habe. *¡Madre mía!*

Nicht auf den Boden! Nur in die Luft!, rief er dann seinem Enkel zu, der weiter zwischen den Häusern herumknallte.

Es ist ein Luftgewehr, ein automatisches, meinte Großvater Basilio weiter. Man brauche nicht jedes Mal ein Kügelchen nachzuladen, aber er habe dem Enkel gesagt, dass er zuerst mit einer Zielscheibe üben solle, so treffe er natürlich nichts. Wie auch? Wenn er einfach drauflos knalle.

Dann, während Basilio die Karten ausgab, traf der Enkel doch.

Zögerlich ging er auf den heruntergestürzten Vogel zu, stieß ihn mit der Schuhspitze an und schien sich dabei zu ekeln. Dann knallte er weiter. Er bog das Gewehr, zielte, knallte, bog das Gewehr, zielte auf einen Vogel im Flug, knallte, bog das Gewehr, zielte auf einen der Mauersegler, die sich auf dem über die Gasse gespannten Kabel niedergelassen hatten.

Während Basilio die neuen Karten ordnete, erzählte er, wie er in diesem Alter zusammen mit einem Freund hinter der Kirche mit einer Jagdflinte auf eine Taube geschossen habe. Drei Schüsse hätten sie abgefeuert, aber die Taube habe keinen Wank gemacht, und ich erinnerte mich meinerseits an drei oder vier Jungs, welchen ich vor Jahren außerhalb von Morella bei der verbotenen Vogeljagd über den Weg gelaufen war. In durchsichtigen Plastiktüten hatten sie die Beute mit sich getragen und ich erinnere mich genau, wie ich darin kleine Vogelköpfe mit großen Augen, spitzen Schnäbeln und verdrehten Hälsen gesehen hatte. Jetzt kamen mir diese Jungs vergleichsweise wie ehrenhafte Jäger vor.

Ich schaute dann meine Mails an, bis sich plötzlich meine Nachbarin Pilar neben mich stellte.

Ob ich den Fuchs gesehen hätte, wollte sie wissen.

Welchen Fuchs?

Den Fuchs, sagte sie, der die längste Zeit bei dir oben auf der Mauer gestanden hat.

Wie bitte?

Als sie heute zur Kapelle gegangen sei, habe sie durch die Pappeln gesehen, wie ein Fuchs oben auf der Stützmauer über dem Kanal mir beim Hacken zugeschaut habe.

Die Axt, der Rasenmäher und der Lumpen

Der *huerto* war durchnässt, aber die Salatsetzlinge standen noch alle aufrecht und tapfer in Reih und Glied, der nächtliche Regen, der auf sie niedergeprasselt war, hatte keinen Schaden angerichtet. Dafür waren die Schnecken hinter dem Basilikum her wie verrückt, fraßen ihn schneller, als er wachsen konnte. Und offensichtlich liebten die Vögel die Sprösslinge der Stangenbohnen, denn diejenigen, die ich gesetzt hatte, waren verschwunden und an den übriggebliebenen Vertiefungen sah ich, dass auch nach Saatbohnen gescharrt worden war. Kein Wunder, dass sich diese Vögel bei meinem Aufkreuzen in die nahen Pappeln davonstahlen wie die Diebe.

Und in meinen acht Kartoffelbeeten wagten sich die ersten Triebe ans Licht, hellgrün und zart reckten sie sich aus der Erde hervor und ich dachte gleich: Da haben wir ihn, den Glanzpunkt des Tages, den ich am Schreibtisch wiederum vergebens gesucht hatte. Natürlich war ich erleichtert, hatte ich in meiner Unerfahrenheit doch immer auch befürchtet, ich könnte etwas falsch gemacht oder vergessen haben. Ich schrieb auch gleich in mein Notizbuch: Sie kommen!

Und weil ich den Stift schon in der Hand hielt, setzte ich mich auf die aufgeschichteten flachen Steine an der Mauer unter dem Bewässerungskanal, um auch noch gleich festzuhalten, dass ich den Mond heute sehr wohl bemerkt hatte und dass mir einmal mehr bewusst geworden war, wie gerne ich über diesen Weg ging, der dem Kanal entlangführte. Ich ging gerne über diesen schmalen Pfad in dem schmalen grünen Streifen aus Gras und Unkraut, weil ich wusste, dass hier lange vor mir, sogar noch zu maurischen Zeiten, lange bevor man von Kartoffeln auch nur gehört hatte, Menschen zur Arbeit in ihre *huertos* gegangen waren.

Um die von den Vögeln gefressenen Bohnensprösslinge zu ersetzen, säte ich nach, und zwar so, wie ich es bei Nachbar Joaquín gesehen hatte.

Am Tag davor hatte ich beim Verlassen des Schreibtisches nicht nur die Schildmütze aufgesetzt und die Gartenschuhe angezogen, ich war auch in den als Geräteschuppen dienenden alten Stall gegangen und hatte eine Axt geholt, um damit ein Rundholz zuzuspitzen, wie es Joaquín verwendete. Anstatt mit der Hacke machte ich jetzt damit ein Loch in der an der Oberfläche feuchten, darunter aber noch lockeren Erde, goss Wasser rein, versenkte eine Bohne, goss nochmals Wasser nach, drückte mit der Hand die Erde fest, machte einen Ring darum und fertig.

Anders als am Vortag ließ ich aber die Axt nicht mehr neben der Hacke an dem Ast am Apfelbaum hängen, denn nachts war mir klar geworden, dass in meinem Gemüsegarten eine Axt nichts zu suchen hatte. Man hängt einfach keine Axt an einen Apfelbaum mitten in einen Gemüsegarten, war es mir so oft durch den Kopf gegangen, dass ich sogar in Betracht gezogen hatte, sie sofort zurückzuholen. In absehbarer Zeit würde ich sie auch nicht mehr benötigen, dachte ich und nahm, als ich den *huerto* verließ, die Axt wieder mit.

Es war ein schöner, immer noch kühler Morgen. Noch war die Uhr am Kirchturm nicht zu sehen, aber ich dachte, es sei kurz nach neun. Der Mond, den ich vorher beachtet hatte, war verschwunden, aber ich hörte die Glocken und die Schellen einer Herde. Es war María Angeles, die mit ihren Schafen über eine der brachliegenden Terrassen vor dem Dorf ging.

¡Hola pastora! Hallo Schäferin!, grüßte ich sie.

María Angeles hörte mich nicht, aber als sie mich bemerkte, nahm sie die Kopfhörer aus den Ohren und sagte: *¡Buenos días!* Schöner Tag heute!

Ja, heute wird ein sehr schöner Tag.

Während ich mich fragte, was sie wohl für Musik hörte, sagte sie, ich würde sicher vom *huerto* kommen, ich hätte eine Axt dabei, wohl, weil ich Stangen für die Bohnen vorbereitet hätte. Dann sagte sie, auf ihre Herde zeigend: Siehst du? Rasenmäher.

Genau, stille Rasenmäher, sagte ich, und als ich etwas weiter oben stehen blieb, traf mich in Form etlicher schräger Blicke eine kurz aufflackernde, schafsköpfige Neugier. Keines der Tiere ließ sich jedoch von seiner Suche nach kargem Futter abhalten. Direkt vor mir waren es Dutzende, alle ziemlich weiß und sauber, die sich in der Herde wie in einer Strömung vorwärtsfraßen, drängelnd, stampfend, rupfend, kauend, blökend. Das gierige Mahlen ihrer Kiefer klang, als würden hundert Scheren einen Teppich zerschneiden. Als ich weiterging, wand sich der rostige Land Rover von Ramón aus dem Dorf heraus und kam auf mich zu. Weil ich eine Hand erhob, bremste er und Ramón, mit einer frischen Zigarre im Mund am Steuer, lachte und schaute mich fragend an.

Ich sagte nicht ohne Stolz, die Kartoffeln seien schon am Sprießen.

Wegen des Regens?, fragte er.

Nein, sagte ich, wegen des Mistes.

Noch lauter lachend fuhr er weiter.

Dann kam mir Nachbar Joaquín mit seiner Mutter am Arm entgegen. Ich wunderte mich kurz über dieses lächelnde, federleichte Persönchen, auf das Doña María zurückgeschrumpft war. Noch immer war sie freundlich, anscheinend sogar zufrieden. Mit einem runden, für die Gegend typischen Weidenkorb mit zwei Henkeln unter dem einen Arm und mit ihrem Strohhut darin, ging sie sehr vorsichtig auf sehr dünnen Beinen, sehr langsam. Nachdem wir uns begrüßt hatten, sagte sie mit einem Blick, der in die Ferne schweifte, dass es ihr gut gehe und dass die Gesundheit das Wichtigste sei. Nichts gehe über die Gesundheit, die Gesundheit sei das Wichtigste. Und als sie es noch einmal wiederholen wollte, sagte Joaquín, sie seien auf dem Weg zu ihrem *huerto,* um dort vor Ort zu schauen, was es nach dem Regen zu tun gebe.

Sehr langsam gingen sie weiter.

Noch bevor meine Axt wieder an ihrem angestammten Platz hing, hatte ich beim Haus von Joaquín ein Küchentuch gesehen, das Doña María an einer Leine trocknen ließ. Noch war darin ein ehemals rotes Streifenmuster zu erahnen, aber es war ein ausgebleichter, leicht bläulicher, an den Rändern ausgefranster Lumpen voller Löcher. Dieser Lumpen hing dort an der Sonne, als wäre er der letzte im Krieg übriggebliebene Fetzen Stoff, aufgehängt wie eine Fahne jener Armut, die vor noch nicht allzu langer Zeit in diesem Dorf geherrscht haben musste.

Die Gülle, der Zürgelbaum und der Helikopter

Noch unschlüssig, ob ich zum Essen und zum Einkaufen nach Morella oder vielleicht sogar hinunter ans Meer fahren wollte, hörte ich vom Balkon aus ein fernes Motorengeräusch, sah dann, wie der große Traktor mit dem Güllefass der Schweinemästerei unterhalb des Dorfs erst hinter einer Erhebung verschwand, dann gleich wieder zum Vorschein kam und langsam, wie von Hand geschoben, über die schmale Naturstraße näherkam. José Antonio kehrt zurück von einem entlegenen Acker, dachte ich, nachdem er gestern mit einer sehr ordentlichen, gleich hinter der Kirche ausgeleerten Ladung das ganze Dorf so fürchterlich verpestet hatte, dass sich Nachbarin Rosé entsetzte: Der Gestank stülpe sich über die Häuser wie eine Glocke. Sie finde, die Gülle stinke in diesem Jahr noch penetranter als früher, dringe in ihrem Haus in die allerhintersten Winkel, sogar bis unter die Decke des Bettes, es sei einfach ekelhaft.

Auf den Balkon war ich vor einem Biest geflüchtet, das es am Schreibtisch auf mich abgesehen hatte. Es war wieder nur eine Fliege gewesen, aber eine, die sich ununterbrochen auf mich stürzte. Und zwar wie mit Düsenantrieb. Sie hatte meine Haare und meine Ohren gestreift, war hin und her gesurrt, war bald da, bald dort, schmiss sich gegen das Fenster, wo sie einen dumpfen Widerhall hinterließ, um gleich wieder weiter surrend kreuz und quer durch den ganzen Raum und mir um den Kopf zu rasen.

Vom Balkon aus sah ich auch, dass sich über dem Gipfelkreuz des *Castillo,* dem jäh aufragenden Felsen linkerhand des Dorfes, fette weiße Wolken zu einem aufgebauschten Knäuel ballten, das sich träge aus meinem Blickfeld bewegte. Wie eine Kulisse, die von der Bühne geschoben wird, dachte ich noch, als ich die Geier bemerkte, die am Himmel ihre erhabenen Kreise zogen. Ich sah erst drei oder vier, dann fünf, dann sechs oder sieben, die sich leicht und frech im Aufwind treiben ließen. Und als José Antonio das Güllefass schon dröhnend durch die schmale Hauptgasse des Dorfes lotste, notierte ich, dass er ein paar Tage vorher in der Taverne behauptet hatte, wenn man den Geiern ein totes, 100 kg schweres Schwein zum Fraß vorwerfe, bräuchten sie gerade mal 10 bis 15 Minuten, um es mit Haut und Haar bis auf die Knochen wegzuputzen.

Auf die Geier waren wir zu sprechen gekommen, weil ich von einer offiziellen Futterstelle gehört und José Antonio gefragt hatte, was er selbst mit den toten Schweinen mache, die es in einer derart großen Mästerei, wie er sie betreibe, ja zweifellos geben müsse.

Er sagte etwas von einer Sammelstelle, wusste aber nicht genau, was die Behörden mit den Kadavern machen würden. Er habe immer gedacht, sie würden verbrannt, von der offiziellen Futterstelle für die Geier hatte er allerdings auch schon gehört.

Sollte ich da hinfahren, sagte er, solle ich bloß aufpassen. Diese verdammten Vögel würden zugreifen, es sei der reine Wahnsinn.

¡Hombre!, das kann ich dir aber schriftlich geben, sagte darauf Ramón, der sich hier zu uns an die Theke gestellt hatte. Er richtete die Bierflasche in seiner Hand mit ausgestrecktem Arm gegen den Eingang der Taverne und sagte, dort drüben an diesem Hang, dort, wo er seine Rinderherde weiden lasse, dort hätten ihm die Geier letztes Jahr vier Kühe umgebracht.

Wie bitte?, hatte ich protestiert. Man sage doch, dass Geier nicht selbst Tiere töten, sondern nur Aas fressen würden.

¡Sí, sí! Ja, klar! Das sagen die Bücher, aber wenn eine Kuh ein Kalb wirft und am Boden liegt, schlagen die Geier sehr wohl zu.

Die seien so viele. Und wenn er an die Kuh herantrete, um ihr die Ohrmarke abzunehmen, dann gingen sie nicht weg.

Einen knappen Meter Abstand wahren sie, mehr nicht, und wenn ich umfalle, dann bin ich erledigt. Kein Wunder, wenn doch plötzlich 300 Vögel da sind. Und wehe, ich tue einem etwas an. Dann kommt gleich die Polizei. Aber so sind die Gesetze hier, sie schützten ja auch die Diebe, anstatt sie zu bestrafen.

Das stimme allerdings, unterstützte ihn José Antonio. Er wisse nicht, wie sich das in meinem Land verhalte, aber hier sei der Übeltäter immer geschützt. Ob ich es glauben wolle oder nicht.

Klar, sagte Ramón, wie kämen die da oben dazu, einen Hühnerdieb zu bestrafen, wenn sie selbst mit ihren Pfoten bis zu den Ärmeln in die Staatskasse griffen, um sich die eigenen Taschen zu füllen, dass die Nähte krachten. Von dieser Regierung sei einfach nichts zu erwarten. Anstatt zu helfen, würde sie ihnen, wie er immer sage, das Leben noch schwerer machen.

Wie ich jetzt sehen kann, habe ich auch noch festgehalten, dass José Antonio darauf noch eine

Runde Bier bestellt und gesagt hatte: *¡Esto está claro!*

Und selbstverständlich war ich, bevor mich am Schreibtisch die blöde Fliege genervt hatte, in meinem *huerto* gewesen, wo ich schon von weitem die ersten leuchtenden Blüten der Zucchetti gesehen hatte, wo alles wuchs und gedieh, wenn auch nicht so schnell, wie ich es mir in meiner Ungeduld gewünscht hätte. Es gab zwar einige Kartoffelstauden, die aussahen, als wären sie über Nacht kräftig in die Höhe geschossen. Weil die anderen Stauden ihr Blattwerk aber nur zögerlich ausbreiteten, sagte ich mir, dass das Wesentliche halt sehr langsam passiere und dass es auch so schön sei, zu sehen, wie die Beete erwachten, wie sich die Bohnen reckten, wie sich die Rebstöcke der Mauer entlang rankten, wie sich die kleinen Sonnenblumen streckten, wie die Gurken mit den ersten, feinen Fühlern ins Leere tasteten, wie sich klitzekleine Auberginen formten, wie die Rosen ein halbes Dutzend Knospen bildeten und wie auch die Tomaten schon stolz kleine, gelbe Blütenblätter vorzeigten.

Ohne dass es dringend notwendig gewesen wäre, hatte ich mich auch ans Bewässern gemacht, hatte oben im Kanal die Schleuse geöffnet, und als das Wasser frisch und munter heruntersprudelte, hatte ich dieses Geräusch wiederum als derart wohlklingend und anregend empfunden, dass ich es nie mehr vergessen wollte. Ich prägte es mir ein, um es in meinem Kopf jederzeit abrufen zu können. Das nächste Mal, wenn jemand meinte, er oder sie müsse mich mit seiner Mitteilungswut in Beschlag nehmen, ohne gefragt zu haben, ob ich mich dieser aussetzen wollte, würde ich nichts anderes hören als dieses friedliche Plätschern. Dies nahm ich mir vor, während ich mit der Hacke das Wasser durch die Rinnen leitete und es sich in den Beeten ausbreiten und sich durch die Kartoffeln schlängeln ließ.

Gerade als ich die Schleuse mit dem Brett und den Lumpen wieder dicht gemacht und meine Hacke an den Apfelbaum gehängt hatte, war Marcos vorbeigekommen.

Wie so oft blieb er oben auf der Mauer stehen, kratzte sich in seinem weißen Haar, grinste und grinste, und während er sich eine Zigarette ansteckte, sagte er, dass er an meiner Stelle das Ding dort entfernen würde.

Welches Ding?, fragte ich.

¡Esto!

Er zeigte auf den verbuschten Baum neben dem Apfelbaum, dem ich bis jetzt kaum Beachtung geschenkt hatte und bei dem es sich, wie ich später herausfand, um einen Zürgelbaum handelte.

Der müsse weg, sagte er. Und zwar mit der Wurzel. Sollte er dazu gerade einmal Lust haben, würde er mir dabei helfen, denn das sei keine kleine Sache, aber dieses Ding stehe mir nur im Weg, gebe viel Schatten und sei für nichts mehr gut.

Oder brauchst du eine Heugabel aus Holz?

Oder vielleicht ein Joch für ein Eselsgespann?

Dazu eigne sich nämlich dieses Holz, und nur dazu habe man diese Bäume wachsen lassen.

Als ich nur den Kopf schütteln konnte, sagte er trocken und etwas herrisch: Also!

Er zeigte dann auf die aufgeschossenen Kartoffelstauden und sagte: Und das Zeug da, reiß es aus! *¡Eso es malo!*

Aber ist das nicht das Kraut der Kartoffeln?

¡Hombre, no!, lachte er.

Aber die Blätter, sagte ich.

Die Blätter würden vielleicht gleich aussehen, es sei aber Unkraut, und zwar solches, das sich ausbreite wie die Pest.

Ausreißen!

Später in Morella, nachdem ich beschlossen hatte, mich für ein paar Stunden dem Güllengeruch zu entziehen, hatte ich mich eben mit *El País* und *La Vanguardia* in ein Café gesetzt, als ich sah, wie Próspero langsam auf mich zukam.

Er lachte, hob seinen Stock an, bis über die Schulter, als wäre es eine Hacke, und ahmte damit die entsprechenden Bewegungen nach. Noch bevor er mich begrüßte, sagte er, ein Bekannter hätte mich in meinem *huerto* beim Hacken angetroffen. Genau das möchte er gerne auch mal erleben, mich dort mit den Füßen in der Erde und mit gebücktem Rücken schwitzen sehen. Wie einer dieser Alten, die in diesen kleinen Dörfern ihr kümmerliches Hungerdasein gefristet haben. Ja, das möchte er zu gerne einmal mit eigenen Augen sehen.

Aber komm, sagte er dann, lass uns ein Bier trinken. Jetzt können wir endlich zusammen ein Bier trinken, wie es sich gehört. Oder bist du wieder in Eile?

Er drückte mir herzlich die Hand, stellte den Stock in eine Ecke, schob sich auf einen Hocker an der Theke des Cafés und schien sich zu freuen. Wie es mir gehe, wollte er wissen, und ob meine Frauen schon da seien oder wenigstens die Tochter, und ob diese einen Freund habe?

Er bestellte Bier, und leicht überrumpelt sagte ich: Nein, die Familie sei noch nicht da und ja, die Tochter habe einen Freund.

Das ist gut, sagte Próspero darauf. Das sei viel besser so, in ihrem Alter.

Die Mädchen bräuchten einen Freund, sagte er,

sonst würden sie sich nämlich nur auf den Straßen herumtreiben, wie das so viele tun. Sogar wenn dieser Freund hinken sollte, das wäre völlig egal, wenn es meiner Tochter nichts ausmache, wenn sie es vielleicht sogar mögen würde, dass er hinke, ich solle mich da ja nicht einmischen. Auf keinen Fall. Ich solle einfach froh sein, dass meine Tochter einen Freund habe. Sogar wenn ihm ein Auge fehle oder ein Arm, fuhr er fort, das gehe mich nichts an. Wenn meine Tochter ihren Freund ohne Arm oder mit nur einem Auge möge, das sei so oder so das Beste, was passieren könne.

Natürlich musste ich hier an die Geschichte von Mark Twain denken, die ich mit meiner Tochter unterwegs im Auto mehr als einmal auf CD gehört hatte, und in welcher eine junge Dame es ertragen muss, dass das Schicksal ihr den Verlobten gnadenlos systematisch Glied um Glied auf einen handlungsunfähigen Rumpf reduziert.

Und natürlich musste ich lachen, und mit Próspero's Worten zuvorderst in meinem Kopf war ich später in mein Dorf zurückgefahren, wo ich mich gleich an den Schreibtisch gesetzt hatte, um sie festzuhalten.

Erst als ich hörte, wie oben auf dem Dach der Blechhut des Kamins zu scheppern und zu quietschen begann, erinnerte ich mich auch wieder an den Gestank der Gülle, wenn auch nur, weil ich wusste, dass der Nordwind eingesetzt und damit nicht nur aufgeräumt haben musste, sondern dass dieser nun wie immer drei oder vier Tage anhalten und reichlich frische Luft durchs Dorf blasen würde.

Offensichtlich hatte ich dann auch noch aufgeschrieben, wie Próspero in dem Café in Morella, nachdem er sichergestellt hatte, dass ich den Freund meiner Tochter, in welchem körperlichen Zustand auch immer, zu akzeptieren bereit war, wissen wollte, wie ich es eigentlich mit dem Essen machen würde? Er hatte mir auf die Schultern geklopft und gesagt: Du bist sicher auch nicht einer von denen, die sich mit einem Käsebrot begnügen. Ob ich für mich selber kochen oder ob ich hier in Morella in einem Restaurant essen würde, hatte er mich dann gefragt. In meinem Notizbuch steht: Ich antwortete etwas unbestimmt, möglicherweise nickte ich nur freundlich, aber da er gerade in Fahrt war, sagte er, ich hätte recht, das sei das Beste, egal was die Leute sagen, möglichst auswärts essen. Das sage er immer wieder, hier im Restaurant zu essen, das sei für mich das Beste und er würde es in meinem Fall genauso machen, obschon er eigentlich ganz gerne koche. Sich etwas Gutes zu kochen, das mache

Spaß, aber dann, sagte er, dann hast du gegessen und dann kommt es. Dann kommt das Aufräumen. Das Abwaschen. Kaum hast du fertig gegessen, sitzt du am Tisch vor einem schmutzigen Teller, der jetzt abgeräumt und gespült werden muss, auf dem Herd steht vielleicht nicht nur eine Pfanne, vielleicht sind es sogar zwei und dazu vielleicht auch noch eine Glasschüssel, die du gar nicht richtig sauber kriegst. Und die Gläser. Und das Besteck. Und dann die Serviette und das Brot wegräumen, und wieder alles in den Kühlschrank, und dann musst du noch mit einem Lumpen den Tisch abputzen. Nein, um Gottes willen, wie sehr ich doch recht hätte, im Restaurant zu essen.

Gleich vor dieser Eintragung finden sich in meinem Notizbuch auch noch ein paar Zeilen, die ich am Morgen des gleichen Tages im *huerto* auf den aufgeschichteten Steinen sitzend gemacht haben muss: Als ich dem Kanal entlangging, folgte mir vom Dorf her ein ziemlich großer Vogel. Er hatte ausgefächerte Flügelspitzen und ich fragte mich, ob das auch wieder eine Amsel war? Als hätte er mich auch gesehen, flatterte der Vogel über mir kurz an Ort und Stelle, als wäre er ein Helikopter, bevor er in einem Sturzflug Anlauf nahm, um elegant das Weite zu suchen.

Die erste Kartoffel, der Frosch und das Blut

Mit der aufkommenden Hitzewelle schossen im *huerto* die Sonnenblumen in die Höhe und über Nacht war aus dem Stängel einer leuchtenden Zucchettiblüte eine fingergroße Frucht geworden.

Auch das Unkraut hielt sich nicht zurück.

Beim Jäten befürchtete ich einmal kurz, den Nebentrieb einer Kartoffelstaude ausgerissen zu haben. Um mich zu vergewissern, dass dem nicht so war, bückte ich mich noch tiefer und grub mit der Hand nach der Wurzel. Ich grub weiter, kratzte die Erde weg und plötzlich war es eindeutig und klar: Ich hatte eine kleine gelbliche Kartoffel gesehen.

Ich jätete und hackte auch die Zwiebeln, hackte das Beet der Auberginen und das Beet der Gurken, und als ich unter einem großen Kürbisblatt einen Salat entdeckte, entschied ich, dieses Blatt nicht zu entfernen. Kann ja nicht schaden, wenn ein Salatkopf weniger schnell wächst als die andern.

Nebenbei hatte ich auch bemerkt, dass irgendwo zwischen Gurken und Bohnen ein Vogel Federn gelassen hat, und oben auf dem terrassierten Acker, hoch über dem Wasserkanal, hörte ich eine Herde vorbeibimmeln, ohne sie zu sehen. Nur einmal schaute ein halbes Dutzend Schafsköpfe mit mahlenden Kiefern auf mich herunter. Sie glotzten mich an, als hätten sie noch nie einen schwitzenden Gärtner gesehen.

Noch vorher war ich beim Brunnen vorbei über die alte Brücke Lehm holen gegangen. An einer schattigen Stelle unter einem riesigen Kalksteinbrocken am Fuß des *Castillo* genannten Felsens füllte ich mit einer Handschaufel den mitgebrachten Eimer.

Das Wasser war schon knapper geworden und Marcos hatte mir empfohlen, beim Bewässern den Kanal mit Lehm so dicht zu machen, dass kein Tropfen mehr verloren geht. Wie ein kleiner Bub beim Spielen in einem Bach kam ich mir vor, dort in der prallen Sonne beim Hantieren mit dem Lehm, auf den Knien und mit dem Arm bis zum Ellbogen im Wasser des Kanals. Im Eimer fand sich auch ein Klumpen, bei dem ich erst nicht wusste, ob es trockener Lehm oder ein Stein war. Es war eine Versteinerung. Eine faustgroße, schwer in der Hand liegende, perfekt gewundene Muschel.

Als das Wasser begann, aus dem Kanal herunter zu sprudeln und ich dem sanften Plätschern lauschte, mir auch das Gesicht abkühlte, hatte ich den Eindruck, jemand würde mich beobachten. Aus unmittelbarer Nähe traf mich der vorwurfsvolle Blick eines wohl zu Tode erschrockenen Froschs.

An den teilweise schon hochgebundenen Tomatenstauden entfernte ich die blinden Triebe, unter anderem aus einem einfachen Grund: Nachbar Joaquín hatte mich darauf aufmerksam gemacht. Auch habe ich mindestens eine Schuhbreite weiter in den noch überwucherten Teil des *huerto* hinaus gehackt. Ich hob die Hacke wieder möglichst hoch über meinen Kopf und ließ sie mit Schwung auf das zähe Kraut- und Wurzelgeflecht niedersausen. Möglichst langsam, aber stetig. Auch so lief mir der Schweiß brennend in die Augen. Beim Verschnaufen habe ich mich darüber gewundert, wie es kommt, dass die Sonnenblumen doch eigentlich alle von selber keimten und doch plötzlich in meinen Beeten rumstehen, als wären sie schon immer hier gewesen.

Joaquín hatte mich natürlich nicht einfach so daran erinnert, dass ich an den Tomaten die falschen Triebe entfernen müsse.

Mit Marcos kam er anspaziert, als wären sie auf einer Inspektionstour, und während sie oben auf der Mauer standen, sich beide eine Zigarette ansteckten und skeptisch runterguckten, sagte Joaquín ganz laut zu Marcos: Vielleicht müssen wir ihm dann noch beibringen, dass man zwischen den Zweigen an den Stauden die blütenlosen Triebe entfernt.

Ziemlich herablassend klang das in meinen Ohren.

Darauf wäre ich selbst sicher auch noch gekommen, schrieb der beleidigte Gärtner dann in sein Notizbuch, als die beiden wieder gingen, wegen der Hitze noch träger als sonst, einer hinter dem andern, dem Kanal entlang Richtung Kapelle.

Auf den aufgeschichteten Steinplatten sitzend, notierte der Gärtner auch noch, dass die Glocke vom Dorf her eben erst neun Uhr geschlagen hatte, dass es aber dennoch schon von lästigen Fliegen wimmelte. Er schrieb auch auf, dass sich die neue Methode, den Kanal mit Lehm abzudichten, bewährte und dass ihm am Vortag der alte Gonzalo ziemlich entrüstet mehrere Beete gezeigt hatte, in welchen ihm die Steinböcke den Salat gleich reihenweise bis auf die Wurzeln hinunter abgefressen hatten. Jetzt müsse er, sobald der Mond wechsle, wieder neue Setzlinge besorgen. Aber schon morgen steht hier ein Zaun, hatte Gonzalo fluchend und drohend gesagt.

Noch ein Zaun, dachte ich, aber um meine Anteilnahme zu bezeugen, fragte ich, woher die Steinböcke denn gekommen seien. Der alte Gonzalo zeigte auf frische, schwarze Kötel beim Eingang zu seinem *huerto*, der sich weiter vorne bei der Brücke befand. Von dort drüben, vom Bachbett herauf!, sagte er. Weil es nicht regne, gehe ihnen wohl das Futter aus.

Zur Zeit der Siesta legte ich mich zum Lesen in die Hängematte unter dem Mandelbaum im Garten hinter dem Haus. Weil mich die sprachlich anspruchsvolle Lektüre von Josep Pla manchmal übermäßig ermüdete, hatte ich auch noch *Ein unbekannter Freund* von Iwan Bunin dabei. Als ich darin weiterlas, stockte mir plötzlich der Atem, möglicherweise erbleichte ich sogar, denn ich spürte, dass mir leicht schwindlig wurde: Ich war überzeugt, meine eigenen Worte zu lesen. Als hätte ausgerechnet Iwan Bunin bei mir abgeschrieben. Es ging um eine mir längst teuer gewordene Gewissheit. Nämlich darum, dass literarisch gesehen alles mit allem zu tun hatte und dass es eigentlich an Torheit grenzt, einem bestimmten Umstand mehr Bedeutung zuzumessen als einem andern. Mit dem aufkommenden Bewusstsein, dass mich diese Gewissheit doch eigentlich längst von der anhaltenden

Unfähigkeit, den roten Faden meiner Arbeit aufzunehmen, hätte erlösen müssen, begab ich mich zurück an den Schreibtisch, wo ich den Rest des Nachmittages leider nur damit vergeudete, die am Morgen in die wenigen vorhandenen Seiten eingefügten Veränderungen wieder rückgängig zu machen.

Danach klappte ich meinen Laptop zu, nahm ihn unter den Arm und ging auf den Dorfplatz, wo der rostige Land Rover von Ramón vor der Taverne stand und wo an zwei Tischen fast die ganze männliche Belegschaft des Dorfs zum Kartenspiel versammelt war. Ramón stand als Zuschauer dabei und an einem weiteren Tisch saß José de Blas vor der ausgebreiteten Lokal-Zeitung, die in der Taverne auslag. Er hob seinen großen kahlen Kopf. Er war der Einzige, der meinen Gruß erwiderte.

Die Kartenspieler waren ungewöhnlich aufgeregt, für einmal machten sie einander Vorwürfe. Joaquín redete auf Marcos ein, und dieser verteidigte sich. Es gehe ja nicht um Millionen, sagte er gerade. Und der gebrechliche Enrique, der sonst immer nur stumm dasitzt und die Welt mit seinen wässrigen Augen längst nur noch aus großer Distanz wahrzunehmen scheint, empfahl dem alten Gonzalo eindringlich, Ruhe zu bewahren.

Als ich an einem Tisch nebenan meinen Laptop

wieder aufklappte, setzte sich Ramón rittlings auf einen Stuhl vor mich hin und sagte, er müsse gleich weiter zu seinem Hof hinunter, nur der Durst habe ihn aufgehalten, und dann fragte er lachend, was ich mit dem Ding da wolle.

¡Con esto!, sagte er und zeigte mit seiner Bierflasche auf meinen Laptop.

Ohne seine Frage zu beachten, fragte ich ihn, ob er im Stall nicht ein paar überzählige Hühner für meine Nachbarin hätte, nachdem ihr der Marder nämlich die ihren angefallen habe, sei sie nicht in der Lage, sich selbst zu entschließen, wieder welche anzuschaffen. Aber wie er wisse, habe ihr der kleine Hühnerhof sehr viel bedeutet.

Ramón lachte, *claro,* kein Problem, morgen bringe er ihr drei oder vier vorbei. Es mache auch nichts, wenn der Marder wiederkomme, alte Legehennen habe er genug. Und einen wirklich bösen Hahn bringe er auch gleich mit, sagte er zweideutig kichernd.

Aber jetzt müsse er los, denn er lasse seinen Bruder nicht gerne alleine auf dem Hof. Der Bruder sei einfach noch nicht wirklich wiederhergestellt.

Weil mir schon mehrmals aufgefallen war, dass Ramóns Bruder beim Gehen ein Bein nachzog, fragte ich, ob das etwas damit zu tun habe.

Ja, sagte Ramón, sein Bruder habe sich vor nur

ein paar Monaten mit einem motorisierten Handpflug schwerstens verletzt. Er sei so unglücklich gestürzt, dass ihn die Maschine am Fuß erwischt und sich dem Knochen entlang über das ganze linke Bein hinaufgefressen habe. Das Blut sei in wilden Stößen hervorgeschossen. Weil es bei ihrem Hof ja keinen Netzzugang gebe, habe er auch keine Ambulanz alarmieren können. Deshalb habe er seinem Bruder, so gut es eben ging, oben am Schenkel ein Tuch umgebunden und sei mit ihm so schnell wie möglich selbst nach Morella zum *Centro de Salud* gefahren. Was, wie ich ja wisse, über die Piste und über diese schlechte Straße mindestens eine halbe Stunde koste.

Und wieder lachte er.

Dann sagte er noch, ich könne mir nicht vorstellen, wie rot dieses Blut gewesen sei. Und nie in seinem Leben hätte er gedacht, sein Bruder könnte so viel davon in seinem Körper haben.

Die Rose, die Palme und das Meer

Ein oder zwei Tage später war mein Vorrat an Notizbüchern aufgebraucht, und ich hatte einen guten Grund, an die Küste zu fahren: Ich musste für Nachschub sorgen. Schon seit vielen Jahren deckte ich mich in der nahen Hafenstadt Vinaròs mit einer völlig unspektakulären Sorte von kleinen, schwarzen *libritos* ein, die sehr zweckdienlich sind und dazu noch den Vorteil hatten, vergleichsweise preisgünstig zu sein.

Auch wollte ich mir zum ersten Mal in diesem Jahr das Vergnügen gönnen, am Meer zu essen und schwimmen zu gehen.

Zuvor hatte ich am Schreibtisch abermals einen neuen Anlauf genommen. Ich war aber noch immer derart am Zweifeln und Hadern, dass ich schon bald wieder im Sumpf meiner Unentschiedenheit steckengeblieben war. Dazu unterlief mir noch die Peinlichkeit, dass ich meine eigenen Notizen teilweise nicht lesen konnte. Es ging dabei sogar um Notizen, von denen ich überzeugt gewesen war, dass sie meinem Schreibvorhaben endlich jenen Schub verleihen würden, der ihm auf der Stelle und endgültig auf die Beine helfen sollte.

Während des Essens abends am Küchentisch hatte ich einmal in einer plötzlich aufkommenden, geradezu fieberhaften Begeisterung die Entwürfe zu mehreren Sätzen auf den Rand der Sonntagsausgabe von *El País* gekritzelt, nur um später festzustellen, dass sich diese nicht einmal mehr mit der Hilfe einer Lupe entziffern ließen, so flüchtig und unleserlich hatte ich sie hingeworfen.

Als ich meine Siebensachen zusammengesucht, Badetuch und alles in eine Tasche gestopft, die Liste mit weiteren an der Küste anstehenden Besorgungen eingesteckt, auch die innere Tür des Hauses schon abgeschlossen hatte und gerade die äußere zuziehen wollte, stand plötzlich etwas verlegen Nachbarin Rosé vor mir, grüßte, sagte etwas von Hühnern, die Ramón ihr gebracht hätte, und fragte dann, ob ich nicht eine Rose haben möchte.

Sie zeigte auf ein besonders leuchtendes rotes Exemplar in dem herrlich aufblühenden Strauch vor ihrem Haus.

Da ich nicht gleich reagierte, sagte sie vorwurfsvoll: Am Abend ist die sonst verwelkt.

Ich schaute auf die Tasche, dann auf den Strandstuhl, den ich auch noch in den Volvo packen wollte.

Sie ließ mich nicht aus den Augen und fragte: Fährst du ans Meer?

Ja, sagte ich, und ich sei leider auch schon etwas verspätet, aber sie insistierte: Bei dieser Hitze! Das wäre so schade für diese Rose, so schön, wie sie jetzt sei.

Aber was macht die arme Rose hier den ganzen Tag allein?

Bitte, nimm sie doch! Du solltest riechen, wie sie duftet, sagte sie und fügte hinzu, sie hätte ja nie gedacht, dass sich der kleine Rosenstock zu einem derartigen Baum auswachsen würde.

Vermutlich mit nur schlecht verborgener Ungeduld sagte ich darauf: Also, ich hole eine Flasche mit Wasser, dann kann die schöne rote Rose meinetwegen hier im kühlen Eingang auf mich warten.

Darüber freute sich meine Nachbarin Rosé, als hätte sie soeben ein Leben gerettet.

Endlich unterwegs, hatte ich meistens freie Fahrt. Die Straße, die sich in sanften Kurven an die Küste hinunterwindet, lag in der kargen Landschaft wie für mich persönlich ausgelegt. Darüber erstrahlte der blaue Baldachin des Himmels.

Nur einmal musste ich den Warnblinker einschalten, weil der Fahrer hinter mir meinte, er müsse sich mir mitten in dieser leeren Weite unbedingt ohne jeglichen Sicherheitsabstand an die Fersen heften.

Aber erst kurz vor dem kleinen Bahnhof außerhalb von Vinaròs kam eigentlicher Verkehr auf. Plötzlich hatte ich mehrere Lastwagen vor mir, die sich aufreihten wie Zirkuselefanten, und beim ersten Kreisel drängte sich mit ängstlich erhobenem Kopf ein kleiner verwahrloster Hund auf die Fahrbahn.

Auf der geschäftigen Anfahrt ins Zentrum galt es wie immer, mit Vorsicht den in der zweiten Reihe geparkten Wagen auszuweichen. Über einen laut scheppernden Gitterrost fuhr ich in das alte Parkhaus neben der Kirche, in deren Nähe sich auch die Papeterie befand.

Das Parkhaus war wirklich alt. Es sah aus wie ein Relikt aus einem vergessenen Krieg und schien nur notdürftig wieder hergerichtet worden zu sein. Die Rampen waren steil, die wenigen Stockwerke viel zu niedrig. Insgesamt ein kolossal hässliches, eigentlich unwürdiges, finsteres Ding.

Und draußen natürlich dieser unnütze Verkehr, von dem ich wusste, dass er hauptsächlich aus Autos bestand, deren Fahrer und Fahrerinnen vergebens eine möglichst nahe bei ihrem Zielort gelegene Parkmöglichkeit suchten und deshalb von

Kreisel zu Kreisel kurvten, wie Flugzeuge in der Warteschlaufe, unfähig zu landen.

Mir fiel sofort auch auf, wie langsam man sich wegen der schon lähmenden Mittagshitze durch die kleinen Einkaufsgassen bewegte. Unmittelbar vor mir ging eine Frau mit einer herzförmigen Sonnenbrille und einem roten Strohhut auf dem Kopf sogar so langsam, so träge, als weigerte sie sich zu leben. Sie ging so verhalten, ihr Gewicht wie in Zeitlupe von einem Bein auf das andere schiebend, dass ich mich versucht fühlte, es ihr gleichzutun. Ich war neugierig, herauszufinden, wie man sich fühlt, wenn man seinen eigenen Antrieb derart drosselt, dass man sich kaum mehr bewegt.

Beinahe hätte ich dabei das Gleichgewicht verloren und war kurz davor, auf die Nase zu fallen.

Dann quietschten die Reifen eines roten Wagens. Mitten auf der Straße war eine Frau stehen geblieben. Sie schrie etwas in ihr Telefon. Auch die Frau am Steuer des roten Wagens war am Telefonieren und schrie jetzt etwas zum Fenster hinaus, ohne ihr Gerät vom Ohr zu nehmen.

Hier könnten sie alle auf Stelzen oder kopfüber auf ihren Händen gehen, sie kämen mir nicht fremder vor, dachte ich, während eine Frau, die ebenfalls am Telefonieren war, gerade in einem durchsichtigen weißen Kleid, ohne nach links oder nach rechts zu gucken, ihre rosafarbene Unterwäsche über den Fußgängerstreifen trug, vor welchem sich eine andere junge Dame, indem sie sich so weit entblößte, dass ich peinlich berührt wegschauen musste, zu einem Kinderwagen hinunterbückte, wo sie hustend den Rauch ihrer Zigarette in ein blasses Gesichtchen blies.

In der Papeterie, in welcher es auch Zeitungen gab, kaufte ich *El País* und *La Vanguardia,* ohne deren Titelseiten auch nur anzuschauen, und stellte dann zu meiner großen Genugtuung fest, dass mehr als genug von den richtigen Notizbüchern vorrätig waren. In einem Restaurant am Hafen machte ich beim Auspacken von dem kleinen Stapel nicht nur ein Bild, in eines schrieb ich, gleich nachdem ich ein Glas Weißwein und eine Paella bestellt hatte, mit großen Buchstaben vorne rein: BIN AM SCHÖNEN MEER! DAS MEER IST SCHÖN. KANN MICH KAUM SATTSEHEN AN DIESER SCHEINBAR PERFEKTEN WELT. JA, WAS WÜRDEN WIR MACHEN OHNE DAS MEER!

Und darunter: Das Meer, das ist sie wohl, diese unbeschädigte Landschaft, von der die Dichter sprechen.

Gleichzeitig musste sich gemäß desselben Notizbuchs eine Frau im Badeanzug mit einem umgebundenen dunkeln, fast schwarzen Tuch und sehr unglücklichem Aussehen an der Terrasse meines Restaurants vorbeigeschleppt haben, die im Gehen, mit dem Kopf im Nacken, den Rauch ihrer Zigarette so aufrecht aus dem Mund stieß, dass sie mich an eine Dampflok erinnerte.

Auch während des Essens warf ich keinen Blick in die gekauften Zeitungen, bemerkte aber eine Palme, die hoch aufragend sanft in der vom Meer kommenden Brise wedelte und wenn diese stärker wurde, vor dem noch immer blauen Himmel fuchtelte und gestikulierte und mit ihrem Schatten um sich warf, als wollte sie mir etwas sagen.

Während ich meine Kamera hervorholte, hatte ich einmal mehr Grund, mich an den in der Hängematte gelesenen Satz, den Iwan Bunin bei mir abgeschrieben haben könnte, zu erinnern: Eigentlich ist alles auf dieser Welt bezaubernd!

Unter dieser Palme dachte ich auch wieder an die Rose, die im Eingang des Hauses auf mich wartete, und auch daran, dass ich mich vermutlich der Nachbarin gegenüber unmöglich benommen hatte.

Ich hatte zwar die sogar auf einer Einkaufsliste festgehaltene Absicht, noch an diesem Tag bei einem mir bekannten Gärtner selbst mehrere Rosenstöcke zu kaufen, war aber unfähig gewesen, das Anliegen der Nachbarin zu verstehen. Als ich sie am nächsten Tag auf dem Dorfplatz sah, bedankte ich mich deshalb abermals, und sie sagte fast verschwörerisch, sie hätte mittlerweile halt gelernt, dass eine Rose etwas Besonderes sei.

Genau dies wurde mir auch bewusst, als mir die Dame an der Kasse der Gärtnerei, wo ich mir vor der Rückfahrt hinauf in die *Sierra* einen weißen und zwei rote Rosenstöcke ausgesucht hatte, die Pflanzen für den Transport in eine Schachtel stellte.

Hui!, sagte die Verkäuferin. *¡Pinchan!* Die stechen!

Und als ich sagte: Es sind Rosen, lachte sie.

Ja, eine Rose ist eine Rose.

Noch ein Fuchs, die Fledermaus und die Eidechse

Es knirschte. Beim nächsten Schritt kullerte ein Stein davon. Ich hörte, wie ein anderer den Hang hinunter hüpfte. Kam ich ins Rutschen, suchte ich Halt an meinem Stock. Ich bewegte mich langsam, vermied ruckartige Verschiebungen meines Gewichts. Den Stock hatte ich aus dem kleinen Steineichenwald hinter dem Friedhof oben am Dorf.

Ich bemühte mich, möglichst ohne Hast und ohne außer Atem zu kommen, stetig anzusteigen.

Ich ging über ausgedörrten Thymian. Der Lavendel war mager, die Blüten blass. Karges Distelkraut wucherte zwischen losen Kalksteinbrocken. Hier und dort, trotzig und schräg am Berg, eine knorrige Steineiche. Einmal an einem Dornbusch ein Fetzen Schafwolle. Weiß leuchtend in der Sonne wie ein kleines Fähnchen. Jetzt schon weit unten lag das Dorf mit der Kirche in der Mitte in einer Kuhle wie ein Tier. Noch weiter unten die *huertos*, als die einzigen satt-grünen Flecken unter den ausgedörrten terrassierten Äckern. Vor der Brücke die Müllsammelstelle und dann die gleißenden Blechdächer der Schweinemästerei. Schon bald würde ich über den Grat des *Castillo* hinweg die Burgruine von Morella sehen können.

Es war kurz vor acht gewesen, das gefiederte Morgenkonzert hatte gerade symphonische Dimensionen angenommen, als ich bemerkt hatte, dass so klar mein Kopf nicht war und ich mich deshalb entschied, den roten Faden nicht weiter vergebens am Schreibtisch, sondern auf der *Tossa,* dem eigentlichen Hausberg des Dorfs, zu suchen. Ich hatte gute Schuhe angezogen, das neue Notizbuch in die Tasche gesteckt und gegen die Sonne eine Mütze aufgesetzt.

An der schwierigsten Stelle des Aufstiegs warf ich den Stock über die zu bewältigenden Felsen hinauf, um beim Klettern beide Hände frei zu haben, nahm den Stock dann wieder auf und bemerkte, dass mich von oben ein Steinbock beobachtete. Mit mächtigen Hörnern auf dem Kopf schaute er auf mich herunter. Dann noch einer und noch einer. Nach einem Warnpfiff machten sie sich eher widerwillig und ohne allzu große Hast davon. Als nur noch ihre Sprünge im Geröll zu hören waren, kam noch ein Böcklein aus einer nahen Felsspalte und eilte ihnen wie schwerelos mit verwegenen Sätzen nach. Dann in der Stille ein Zwitschern, fernab ein Flugzeug, das Gurren eines Rebhuhns, wieder der Ruf eines Vogels, weiter unten der Kuckuck und ein Zirpen dort, ein heiseres Vogelkreischen hier, hoch am Himmel wieder ein fernes Flugzeug, eine Kuhglocke, von der Schweinemästerei wie vom Wind hochgetragen das gedämpfte Gebrüll während der morgendlichen Fütterung. Auf einem Ast der Steineiche auf dem Gipfel saß ein kleiner Vogel, streckte seinen kleinen Schnabel in die Höhe, zirpte kurz und heftig wie eine Grille und hüpfte zum nächsten Ast, hob wieder den Kopf, streckte wieder den Schnabel hoch, zirpte abermals und hüpfte zum nächsten Ast. Eine Fliege surrte vorbei, dann war wieder ein Trällern zu hören. Zwitschern noch und noch und ganz nah das Summen eines Insekts, dann noch eine ferne Kuhglocke und der Hauch eines Windes und dazu das Schleifen meines Kugelschreibers über das Papier.

Noch war der Himmel blau, aber die Sonne brannte. Ich steckte das Notizbuch ein und beim Weitergehen beklagte ich meine Unfähigkeit, den offensichtlich in meinem eigentlichen Schreibvorhaben vorhandenen Knoten zu lösen, und fragte mich, was ich, um damit endlich vom Fleck zu kommen, hier oben auf einem möglichen Altar alles zu opfern bereit wäre.

Als ich schon mit dem Abstieg über die weniger steile Rückseite begonnen hatte, begegnete ich einem kleinen Fuchs, der mich über die Schulter im Auge behielt, während er ebenfalls, ohne es sehr eilig zu haben, vor mir zu fliehen, dem Grat entlang, um die Felsen und Sträucher herum, eigentlich eher zögerlich das Weite suchte. Gerne hätte ich gesehen, wohin er sich wandte im offenen Gelände, aber es galt aufzupassen, um nicht über Geröll und Wurzeln zu stolpern.

Weiter unten schnitt ich auf der von der Sonne beschienenen Seite eines Felsens ein paar Büschel Bergminze ab und steckte mir, weil er mir aufgefallen war, einen außergewöhnlich roten Stein in die Tasche.

Zurück im Haus im Dorf, warf ich den Stock zum Brennholz, brachte die Minze in die Küche und den Stein, den ich aufgehoben hatte, legte ich auf meinen Schreibtisch. Ich trank mehrere Gläser Wasser und machte mich auf den Weg in den *huerto.*

Vor dem Dorf, wo die Mauersegler gerade wieder ihre Flugmanöver durchführten, kam mir von der Brücke herauf Nachbar Joaquín entgegen. Er blieb stehen, griff nach seinen Zigaretten und sagte: Für heute ist alles klar. Ich für meinen Teil, ich habe meinen *huerto* bewässert und kann nun den Sonntag genießen.

Aber ich, sagte ich, als müsste ich mich verteidigen, ich war auf der *Tossa* und habe einen Fuchs gesehen.

Weil ich wusste, dass es darauf wenig zu antworten gab, wünschte ich einen schönen Tag und ging weiter.

Hätte mir Joaquín noch nachgerufen, was Marcos zweifellos getan hätte, dass kein vernünftiger Mensch um diese Uhrzeit und bei dieser Hitze in den *huerto* gehen würde, wäre ich nicht überrascht gewesen.

Mir war aber bewusst, dass es nicht ratsam wäre, jetzt noch mit Bewässern anzufangen. Ich wollte auch einfach einen Blick auf die Beete werfen, wollte sehen, wie alles gedieh und wuchs, und notfalls die Salatsetzlinge, sollten sie unter der gnadenlosen Sonne ihre Häupter schon wieder hängen lassen, aus der Flasche begießen. Und schließlich wimmelte es wegen des Verzichts auf jegliches Gift nicht nur von Schädlingen jeder Art, die frech mit mir um die Ernte stritten, nachts rasten auch noch die Schnecken an, und zwar mitsamt ihren Wohnungen. Mit etwas Suchglück konnte man diesen tagsüber wenigstens ein bisschen einen Strich durch die Rechnung machen. In einem Salatbeet fand ich mindestens ein halbes Dutzend, das sich unter den teilweise schon großen Blättern versteckte. In hohem Bogen warf ich sie aus dem Garten gegen die in der Hitze schweigenden Pappeln und hörte, wie sie in den Büschen des ausgetrockneten Bachbetts landeten. Auch wächst nichts so schnell und gern wie das Unkraut, das ebenfalls über Nacht aus dem Boden schießt, und zwar mit den allerschlechtesten Manieren. Und als ich sah, wie sich die Blätter der Kartoffelstauden weiter ausbreiteten, kniete ich mich nieder, grub mit der Hand vorsichtig in die Erde, bis ich mit den Fingerspitzen auf eine wachsende, sich hart und trocken anfühlende Kartoffel stieß. Auch sah ich, dass die schnell wachsenden Gurken immer neu mit ihren Fühlern nach den aufgespannten Schnüren griffen wie mit kleinen Händen.

Und natürlich waren da auch die Sonnenblumen, die sich immer noch weiter in den Himmel reckten und mich von oben herab keine Sekunde aus den Augen ließen.

Als es schon fast unerträglich heiß geworden war und ich mich verschwitzt und durstig dem Kanal entlang auf den Weg zurück ins Dorf machte, sah ich durch die Pappeln hindurch meinen Nachbarn Joaquín ein zweites Mal. Während er zur Kapelle spazierte, gemächlich den Schatten der Bäume suchte, rauchte und seinen Hund streunen ließ, schien ihm alles Zielgerichtete völlig abzugehen, was mich daran erinnerte, dass es Sonntag und höchste Zeit war, nach Morella zu fahren, um dort *El País* und *La Vanguardia* zu kaufen.

Später am Nachmittag, nachdem ich auf dem Sofa mit den aufgefalteten und durcheinandergebrachten Zeitungen und ihren Beilagen auf meinem Bauch eingeschlafen war, holte ich den mittlerweile fast ausgelesenen Josep Pla und legte mich, der weiter anhaltenden Hitze zum Trotz, in die Hängematte unter dem Mandelbaum. Wie zu erwarten war, umschwirrten mich Fliegen und Mücken, aber schon nach wenigen Zeilen spürte ich, wie sich die Neugier wieder zu regen begann, wie sie züngelte und dann aufflammte wie ein frisch geschürtes Feuer und sich das vertraute Lesegefühl einstellte. Wenn mir dieses Buch mit meiner Arbeit bis jetzt auch nicht weitergeholfen hatte, so eröffnete es mir mittlerweile doch eine voll ausgestattete Nebenwelt und erlaubte mir ein Zweitleben, in welches ich mich vor der grausamen Realität des Versagens am Schreibtisch flüchten konnte.

Abends, als sich die Hitze des Tages nur leicht und langsam milderte, lauschte ich auf dem Balkon in der guten Gesellschaft einer Flasche Rotwein der Stille und beobachtete den Mond. Ich war überzeugt, wahrnehmen zu können, wie er sich am Himmel über seine Bahn bewegte. Und einmal, die Flasche war schon fast leer und der Mond stand schon über den Dächern des Dorfs neben dem Kirchturm, erlag ich kurz dem fürchterlichen Verdacht, bei allem, was ich gerade sah, könnte es sich um einen Traum oder eine Täuschung handeln. Ich fragte mich auch, warum gerade heute keine Fledermaus zu sehen war, aber noch bevor ich die Frage fertig gedacht hatte, flog eine so nahe an meinem Kopf vorbei, dass ich zusammenzuckte, und als, immerhin auf einem Balkon im zweiten Stock, noch eine Eidechse vorbeischaute, war ich wieder beruhigt.

Der Glühwurm, ein Dutzend Zucchetti und der Regenbogen

Seit mehreren Tagen kühlte es nun eigentlich erst ab, wenn sich die Nacht schon wieder aufhellte. Möglicherweise gebärdeten sich die Vögel deshalb in der sonst stillen Frische des Morgens besonders wild. Während es draußen zwitscherte, trällerte und trillerte, als hätte sich über Nacht ein weiterer Schwarm über dem Dorf niedergelassen, verirrte sich ein Mauersegler in das Schlafzimmer. Erschrocken sah ich, wie er rumflatterte, gegen die Wände stieß, sich an den Vorhang hängte und dann oben auf den Rahmen des geöffneten Fensters flog. Er war von beträchtlicher, fast bedrohlicher Größe. Als er wieder dem Fliegenvorhang entlang zu flattern begann, entdeckte er unten die Lücke zwischen Vorhang und Boden, durch welche er wohl auch eingedrungen war, und weg war er.

Nachdem ich diesen kleinen Zwischenfall am Schreibtisch notiert hatte und zum Wesentlichen übergehen wollte, geriet ich schon bald wieder in jenen Zustand der Verzweiflung, in welchem ich wie ein Ochse am Hang nicht weiter wusste. Dabei hatte ich doch in dem Restaurant am Hafen von Vinaròs, wo ich beim Kaffee beobachtet hatte, wie die vielen Badegäste nach der großen Mittagshitze ihre bunten Badesachen wieder ans Meer schleppten, in mein Notizbuch geschrieben: Die müssen an den Strand, und ich darf zurück an den Schreibtisch.

Im gleichen Notizbuch stand auch: Glühwürmchen nicht vergessen! Ich hatte zwar keine Ahnung mehr, worauf sich diese Mahnung bezog, aber ziemlich lächerlich war sie allemal und es wurde mir klar, dass ich in meinem *huerto* offensichtlich jede Glühwürmchenexistenz als erwähnenswert erachtete, auch jede noch so kleine Veränderung in meinen Notizen festhielt und auswalzte, was aber mein eigentliches Schreibvorhaben betraf, starrte ich noch immer in ein trostloses, schwarzes Loch.

Vorher war ich, um der schlimmsten Hitze zuvorzukommen, schon früh in den Garten hinter dem Haus gegangen, hatte ein halbes Dutzend Salatsetzlinge, die ich dort in kleine Gefäße gesät hatte, in einen blauen Plastikeimer gepackt, der mir in die Hände gekommen war, und hatte mich auf den Weg zum *huerto* gemacht. Erst war ich Abelardo, dem Imker, in seinem klapprigen Geländewagen begegnet. Er hielt an, grüßte, schaute auf den Eimer: Ob ich denn in meinem *huerto* schon etwas ernten könne?

Alles auf besten Wegen, sagte ich und fragte ihn nach seinen Bienen. Sind sie produktiv?

Sie verstecken sich, antwortete er. Denn um diese Jahreszeit sei *el abejaruco*, der Bienenfresser, im Land.

Der Bienenfresser?

Ja, das sei ein Vogel aus Afrika mit einem sehr bunten, sogar blauen, also richtig tropischen Federkleid und einem spitzen, langen Schnabel.

Und damit frisst er die Bienen?

Deshalb gehen sie nicht arbeiten.

Arme Bienen, sagte ich.

Nein, kluge Bienen, sagte er. Nicht mal vom Durst lassen sie sich ins Freie, das heißt ins mögliche Verderben treiben.

Als er beim dritten Versuch und von zerknirschten Klagen des Motors begleitet wieder einen Gang eingelegt hatte und mit der zum Gruß erhobenen freien Hand losgefahren war, bemerkte ich weiter unten auf der Straße den alten Marcos, der sich schon auf dem Weg zurück ins Dorf befand. Er blieb stehen, kratzte sich unter seinem alten Strohhut im silbrigen Haar und sagte ebenso hämisch wie vorwurfsvoll, im Gegensatz zu mir habe er seinen *huerto* schon bewässert. Dann beugte er sich vor, um zu sehen, was ich in meinem Eimer hatte.

Pass auf mit den Setzlingen!, sagte er. Die können dir verdorren. Denn heute wird es noch heißer.

Heißer als gestern?

Viel heißer.

Das sehe man an dem weißen Streifen am Horizont.

O nein, sagte ich. Noch heißer.

Hombre, dagegen kannst du nichts machen.

Wir können uns nur im Haus verstecken.

Genau. Möglichst mit einem kühlen Bier.

Dann sagte er noch, er habe bei mir im *huerto* gesehen, dass ich schon bald eine Tomate ernten könne, aber ich solle den Zürgelbaum nicht vergessen. Den müssten wir unbedingt entfernen. Oder ich könnte wenigstens schon mal ein paar Äste absägen, weil anders als wir könnten die Tomaten sehr wohl auf Schatten verzichten.

Als Erstes wollte ich bewässern. Als ich mich deshalb neben dem Kanal niederkniete, wand sich blitzschnell eine lange, giftgrüne Schlange aus diesem heraus und war auch gleich über die Mauer hinunter und zwischen den Beeten hindurch Richtung Bachbett verschwunden. Es kostete mich dann erst etliche Mühe, bei der Zuleitung den Lehm zu entfernen, der wegen des gesunkenen Pegels eingetrocknet und hart geworden war, aber dann sprudelte das Wasser noch ziemlich munter herunter und floss auch in die entlegensten Beete. Während ich ihm Zeit ließ, überall reichlich zu versickern, und mich anschickte, hinter den Kartoffeln weiter in den noch überwucherten Acker hinaus zu hacken, entdeckte ich nicht nur die schon rote, kleine Tomate, die Marcos gemeint haben musste, ich sah auch, dass sich reihenweise kleine gelbe Blüten in ihrer Mitte zu erbsengroßen Früchten verfestigten und dass mehrere Zucchetti gelb und leuchtend blühten. Sie waren noch sehr klein, aber ich schnitt zwei davon aus den Wurzelstöcken und legte sie neben den blauen Eimer auf die Mauer. Bei den dort gedeihenden Rosen sah ich eine, die gerade aufblühte, entfernte dann unter den Sträuchern mit bloßen Händen aufgeschossenes Unkraut gleich büschelweise und blieb dabei an einem Stachel hängen.

Während des Hackens hörte ich die Geschäftigkeit der Vögel in den Pappeln, auch ein neues, unvertrautes Flöten war dabei, das vielleicht von diesem Bienen fressenden *abejaruco* stammte, und von der *granja* her hörte ich auch einmal das Bellen der Hunde und vom Dorf herunter die Schläge der Glocke wie immer mitsamt ihrem Widerhall. Da ich beim Hacken gleich ins Schwitzen kam, bemühte ich mich einmal mehr, möglichst kräfteschonend vorzugehen. Ich hob die Hacke langsam hoch und ließ sie mit Schwung niederfallen.

Einfach schön langsam, sagte ich mir, hob die Hacke wieder an, ließ sie niederfahren, lockerte die wurzeldurchsetzte Erde, hob die Hacke wieder an, ließ sie niedersausen und bemerkte, dass ich auf ein Stück Eisen gestoßen war.

Nicht zum ersten Mal fand ich einen rostigen Nagel, der mit der Hausasche in die Erde des *huerto* gelangt sein musste.

Aber dieser Nagel war eckig, war handgeschmiedet, gut 15 Zentimeter lang und hatte einen Kopf, der, rostig und kantig wie er war, an einen Menschen erinnerte.

Sieht aus wie ein kleiner Giacometti, dachte ich, steckte den Nagel in eine Lücke zwischen den Steinen der Mauer und hackte weiter.

Nach dem Bewässern, als ich die Hacke schon an einen Ast des Apfelbaumes gehängt und den Kanal wieder mit Lehm dicht gemacht hatte, wusch ich mir in dem kühlen Wasser das Gesicht und die Hände, und setzte mich auf die aufgeschichteten flachen Steine an der Mauer, um noch festzuhalten, dass der Gärtner, wenn er sich fortan um die Rosenstöcke kümmerte, sei es um sie zu beschneiden oder zu jäten, Handschuhe anziehen wollte. Offensichtlich hatte ich auch festgehalten, dass sich über dem allgemeinen Herumschwirren der Käfer, Mücken und Schmetterlinge ein halbes Dutzend Mauersegler bemerkbar gemacht hatte: Wieder schreiend und in Kampfformation, als wären sie die *Patrouille Suisse* oder sonst eine Kunstflugstaffel.

Dann schnitt ich die blühende Rose ab, legte auch die beiden kleinen Zucchetti in den blauen Eimer und machte mich damit auf den Weg zurück ins Dorf.

Noch bevor ich es erreicht hatte, hörte ich meinen Namen und drehte mich um. Nachbarin Pilar holte mich ein, winkte mit einer Hand, mit der anderen zog sie ein Einkaufswägelchen hinter sich her. Sie ging breitbeinig wie immer, hinkte leicht, trug ihren abgewetzten Hausrock, der ihr bis zu den Knöcheln reichte, und einen ebenso abgewetzten Stoffhut, auf welchem noch ein ausgebleichtes Blumenmuster zu erkennen war.

Sie lachte und sagte, sie komme auch vom *huerto.* Ob ich eine Gurke haben wolle?

Gerne, sagte ich. Das sei sehr nett von ihr.

Sie bückte sich über ihr Wägelchen, holte zwei Gurken hervor und fragte: Und Zucchetti?

¡No, gracias! Zucchetti hätte ich schon selbst mehr als genug, sagte ich, ohne sie sehen zu las-

sen, wie klein diejenigen in meinem Eimer noch waren.

Leider sei das immer so, plötzlich habe man zu viel. Arminio, ihr Mann, habe ihr gestern ein Dutzend mitgebracht.

Ein Dutzend! Stell dir vor! Man erntet zwar, was man sät, aber es sei wie immer, Gott gibt denen, die schon haben. Und immer zu viel. Aber diese Hitze. *¡Por Dios!* Oh, oh, oh!, sagte sie und nickte dazu dreimal vieldeutig mit dem Kopf. Und die Feuchtigkeit in der Luft. Die sei heute wieder besonders unerträglich. Aber regnen wolle es nicht! Gestern habe man es ja gesehen. So eine Enttäuschung. Es donnere da, dann donnere es dort, der Himmel fülle sich mit schwarzen Wolken, und nichts als drei magere Tropfen. Mehr nicht. Nur die Götter wüssten, wo all dieses Wasser runterkomme.

Während sie sprach, hatte sie die Rose gesehen und war dann so nahe an mich herangetreten, dass wir uns fast berührten. Ich sah auf ihren Hut hinunter, sah auf das ausgebleichte Blumenmuster, sah ihre Hausschürze, die sich weit unten über ihren Bauch wölbte, und plötzlich fasste sie mich an meinen linken Arm und fragte, wann denn meine Familie kommen würde?

Weil sie mich dies schon mehrmals gefragt hatte, sagte ich: Schon bald. Ich verstieg mich sogar zu der Behauptung, meine Tochter sei vielleicht sogar schon unterwegs.

¡Eso es bueno! Das sei gut, sagte sie darauf.

Noch immer am Schreibtisch und noch immer unfähig, den roten Faden meiner Arbeit auch nur aus der Ferne zu Gesicht zu bekommen, sah ich wenigstens die Rose, die jetzt weiß und erhaben dort in einer Flasche stand, und ich erinnerte mich, dass ich meiner Nachbarin Pilar nichts davon gesagt hatte, wie ich, auch wenn nachher nur drei Tropfen gefallen waren, auf dem Weg zum *huerto* wegen des nicht niedergegangenen Gewitters zwei Mal umgekehrt war. Auch nichts davon, dass ich fürchterlich gelitten hatte.

Das vermeintliche Gewitter hatte sich in seinem schwarzen Anzug schon drohend hinter dem *Castillo* aufgebaut und ich hatte, um herauszufinden, ob sich sein Zentrum dem Dorf näherte oder ob es sich vielleicht doch entfernte, bei jedem Blitz, den ich in der Ferne aufleuchten sah, die Sekunden bis zum ersten Donnerschlag gezählt. Denn bei aller Trockenheit, und der bei der Kapelle schon viel spärlicher austretenden Quelle zum Trotz, fürchtete ich um meine Saat. Ich fürchtete um meine Kartoffeln in doch noch so zartem Alter. Ich fürchtete um die verletzlichen Tomaten, Gurken und

Zucchetti. Und erst der Salat. Einmal zählte ich bis zwanzig und dachte, dass sich das Unwetter über den Daumen gepeilt 20 km weit entfernt entlud, dann fielen aber diese drei Tropfen, was einem kurzen leichten Regen entsprach. Bei einem weiteren Blitz kam ich mit Zählen nur noch bis zehn und dachte, ich kehre besser um, aber als ich hundert Meter zurück in Richtung Dorf gegangen war, hörte es schon wieder auf zu regnen und der Donner schien sich wieder zu entfernen. Ich kehrte wieder um, ging wieder dem Kanal entlang zurück, der Himmel hellte sich schon wieder auf, als doch noch ganz nahe ein Blitz einschlug, und es wieder zu regnen begann, was mich abermals umkehren ließ. Aber kaum war ich auf der Straße, die zum Dorf hinaufführte, spürte ich nur noch ganz wenige, vereinzelte Tropfen und dann brach die Sonne unter den Wolken am Horizont hervor und genau über das Dorf spannte sich ein Regenbogen, so märchenhaft bunt und strahlend, dass ich sofort an das Bild eines alten Meisters dachte, auf welchem in ebensolchen herrlichen Farben jener Regenbogen zu sehen ist, der sich nach der Sintflut über die Welt gewölbt haben soll.

Die Schwalben, der Patagonien-Express und das erste Gewitter

Obschon es mir dabei überhaupt nicht gelang, das Geheimnis des Wachsens und Reifens, wie ich es sowohl an meinen Kartoffeln wie überhaupt in meinem ganzen *huerto* miterlebte und bewunderte, auch nur annähernd zu erfassen, hatte ich mit meiner Kamera etliche Bilder gemacht, die auf meinem Laptop allesamt eindimensional, flach und platt wirkten. Ohne den Geruch der Erde, ohne das Tuscheln der Pappeln im Wind, ohne die Geschäftigkeit der Insekten und der Vögel, die die Luft zum Vibrieren bringen, blieb nichts als grünes Blattwerk: langweilig und leblos.

Auch als ich am folgenden Sonntag in den ersten Sonnenstrahlen am Wegrand ganz besonders glitzernde, von Schnecken hinterlassene Schleimspuren entdeckte, die ausgelegt waren wie hauchdünne, silberne Ketten, wie Engelshaar, wie das filigrane Werk eines Künstlers von Rang, gelang es mir nicht, mit der Kamera auch nur einen Hauch des in das Auge springenden Zaubers einzufangen.

Ein paar wenige, teilweise sogar gelungene Bilder machte ich aber kurz darauf von einer Vogelversammlung beim Dorfeingang. Erst hörte ich auf dem Haus des alten Gonzalo sehr intensives Zwitschern und entdeckte dann vor dem blauen Himmel auf einer Fernsehantenne ein Dutzend bräunlich-schwarz gefiederte Vögel mit leuchtend weißer Brust.

Ich hatte die Kamera noch nicht wieder weggesteckt, als mir Nachbar Joaquín bei seinem Haus einen schönen guten Morgen wünschte. Er trat vor die Tür und fragte, während er sich die Hemdsärmel hochrollte, was ich fotografieren würde.

Vögel, sagte ich. Mauersegler auf einer Fernsehantenne zum Abflug versammelt.

¡No, no!, sagte er, die Mauersegler seien längst abgereist.

Alle?, fragte ich.

Wenn einer zurückbleibt, hat er ein Problem.

Joaquín schaute auf seine Uhr am Handgelenk und sagte: Vor drei Tagen sind sie gegangen. Die gehen immer um den Tag des Apostels Jakobus.

Und achten die Mauersegler auch auf den Mond?

Claro, sagte Joaquín. Wegen des Lichts gehen sie gerne bei Vollmond.

Dann müssen es also Schwalben sein.

Die haben kürzere Flügel und gegabelte Schwänze, sagte er.

Dies muss ich unter dem Stichwort »Mond« notiert haben, bevor ich mit dem Volvo nach Morella fuhr, wo ich, noch bevor ich zum Buch- und Zeitungsladen gelangte, von einem alten Bekannten sehr freundlich begrüßt, aber auch gleich in Beschlag genommen wurde. Er überschüttete mich unverfroren mit Belanglosigkeiten, die mich allesamt überhaupt nichts angingen. Ich fühlte mich gefangen und war schon kurz davor, einfach loszurennen, um mich zu befreien, als es mir gelang, ganz ruhig neben dem hemmungslos schwafelnden Bekannten hergehend, mich von dem Geräusch des Plätscherns erfüllen zu lassen, mit welchem das Wasser aus dem Kanal jeweils in meinen *huerto* hinunterfiel.

Beim Buchhändler hatte ich meine beiden Zeitungen von der Auslage genommen, hatte sie auf den Ladentisch gelegt, an welchem noch gerade eine Frau bedient wurde, die auf ihren Einkaufszettel starrte und wiederholt sagte, etwas habe sie noch vergessen. Während sie ärgerlich ihren Kopf schüttelte, seufzte und ihren Blick über die in einem Glasschrank aufbewahrten Ordner und Schreibutensilien gleiten ließ, ging ich die ausgelegten

Neuerscheinungen durch, und als sich der Buchhändler an mich wandte, indem er sich freundlich nach dem Fortgang meiner Lektüre von Josep Pla erkundigte, zog ich, ohne mir dabei sehr viel zu überlegen, ein Taschenbuch aus einem der im Laden stehenden drehbaren Ständer. Es war von Luis Sepúlveda, hatte ein im tropischen Dschungel landendes Flugzeug auf dem Cover und hieß *Patagonia Express.* Vielleicht war es mir aufgefallen, weil die Frage des Buchhändlers nach Josep Pla in mir das Bedürfnis erweckte, beim Lesen wieder einmal abzuschweifen, sogar in die Ferne auszubrechen. Natürlich hatte ich gegenüber dem Buchhändler auch noch meiner Bewunderung für Josep Pla Ausdruck gegeben, aber schon auf der Fahrt über die kurvenreiche Straße zurück in mein Dorf malte ich mir aus, wie ich mit diesem *Patagonia Express* an diesem heißen Sonntag eine Siesta lang durch eine Gegend in Südamerika reisen würde, die ich zwar nie selber besucht, lesend aber sehr wohl schon wiederholt ausgekundschaftet hatte.

Kaum hatte ich mich auf das Bett gelegt und den schmalen Band aufgeschlagen, rollte zwar vor dem verdunkelten Fenster ein dumpfes Grollen heran, aber vorerst ließ ich mich nicht stören und las weiter in die erste Geschichte hinein, in welcher ein atheistischer Großvater sein Enkelkind dazu bringen will, an eine Kirchentür zu pinkeln, in der Absicht, den Priester zu ärgern. Ich glaube, die Geschichte spielte in Chile und ich war also noch nicht in jenem Patagonien, in das ich wollte, da grollte es vor dem Fenster schon viel lauter und ich hörte das Klirren von Hagelkörnern auf den nachbarlichen Dächern. Der Hagel klimperte auf den Ziegeln wie auf einem Xylophon, dann begann es auch zu regnen, zuerst nur leicht, doch plötzlich begann es zu gießen, und zwar so stark, dass das Regenwasser über die Dachrinne hinaus vor das Haus platschte.

Dann ein langgezogener Donner, der noch nicht verhallt war, als er von mehreren Schlägen durchbrochen wurde, die am Himmel klangen wie Knallfrösche, gleich darauf wie ein Trommelwirbel. Und dann wieder ein Schlag: Als würde eine Eisenfaust eine dicke Glasscheibe, dann eine ganze Mauer durchstoßen.

Der Donner krachte jetzt wie Schüsse im Schießstand, die durch den Regen peitschen, und anstatt, dass ich lesend nach Patagonien reisen konnte, musste ich zuhören, wie sich diese Schüsse aus dem Himmel wiederholten und überboten, wie es gleichzeitig brauste und dampfte, als hätte man das ganze Dorf in ein Wasserbad gesteckt. Wieder ein ohrenbetäubender Donnerschuss. Wieder etwas wie ein Echo darauf. Jetzt fiel noch mehr Regen, als könnte der Hahn des Himmels immer noch weiter aufgedreht werden, und als es wieder krachte, polterte und rumpelte, wie wenn Stühle umfallen und Holzkisten eine Kellertreppe hinuntergeworfen würden, hatte ich nicht die Weite der Pampa Patagoniens, aber Beet für Beet, Baum für Baum, Pflanze für Pflanze, meinen armen *huerto* vor Augen.

Das Wunder, die Ameise und die erste Tortilla

In meinem Notizbuch steht, dass am Morgen des Tages, der auf das erste Gewitter folgte, über den Gemüsegärten ein leichter Nebel gehangen habe.

Aber was heißt schon Nebel?

Ich erinnere mich genau: Ich kam über den schmalen Pfad dem Kanal entlang, hörte unter den Pappeln das leise Rauschen des gestern noch ausgetrockneten, jetzt wieder angeschwollenen Bachs, und als ich um die Wegbiegung kam, hinter der mein *huerto* zu sehen war, lag ein weißer leichter Schleier darüber, in welchem die ersten Sonnenstrahlen funkelten.

Es war nicht Nebel.

Es war ein Wunder.

So leicht, so unfassbar schwebte dieser Dunst über der Erde.

Auch in dem glänzenden Grün der noch durchnässten Pflanzen glitzerte und leuchtete das Morgenlicht, aber ich wusste sehr wohl, dass alles darniederlag.

Gleich nach dem Gewitter, als es aufgehellt und die Glocke im Kirchturm eben zum ersten Mal für die abendliche Sonntagsmesse geläutet hatte, war ich hingegangen. Zuerst war mir ein Blatt von der Größe eines Faltfächers aufgefallen, das am Stengel einer Sonnenblume herunterhing und hin und her pendelte. Aus der Nähe sah ich, dass das Blatt abgebrochen war, nur noch an einer Faser hing und gleich zu Boden fallen würde. Ich sah auch, dass dieses Blatt wie alle anderen Blätter der Sonnenblumen vom Hagel durchlöchert worden war, und ich sah, wie die Stauden der Kartoffeln fast alle ihren Halt verloren hatten und geknickt in den Furchen lagen, in denen sich vereinzelt abgedeckte, gelbliche Knollen zeigten.

Die Tomatenstauden schienen klein, wie eingeschüchtert, die frühreife Tomate lag abgeschlagen und von Erde befleckt am Boden. Die Salatköpfe waren zerzaust, die Zucchetti niedergestreckt, die Gurken eine Katastrophe.

Ich hatte noch kaum das wirkliche Ausmaß des Schadens erfassen können, da erklang das zweite Läuten zur Messe, und hinter mir war Marcos aufgetaucht und hatte von oben herab aufgebracht gefragt, ob ich denn nicht wisse, dass ich da jetzt nichts zu suchen hätte.

Erst war ich überrascht und wollte ihn fragen, warum er nicht zur Kirche gehe, aber er fuhr vorwurfsvoll fort, ich würde ja alles zudrücken.

Du mit deinem Gewicht!, sagte er.

Ich halte mich doch an die Wege zwischen den Beeten, wehrte ich mich.

¡Hombre, no!, sagte er noch einmal. Das sei egal, der Boden sei viel zu aufgeweicht.

Ich zeigte dann auf die hellgrünen Blätter auf dem in der vergangenen Woche neu gehackten Acker und sagte: Schau! Sogar die Mandeln hat das Gewitter heruntergeschlagen.

Algo quedará para comer. Es wird schon etwas zum Essen übrigbleiben, gab er zurück.

Und da, schau! Die Äpfel am Boden, sagte ich.

Von denen waren sowieso noch viel zu viele am Baum, das schadet gar nichts, sagte er.

Beim dritten Läuten für die Messe ging er schlurfend weiter Richtung Kapelle davon. Er wolle dort sehen, ob wegen des Gewitters bei der Quelle mehr Wasser komme.

Jetzt, am darauffolgenden Tag, war ich dabei, die schlangenförmigen Kartoffelfurchen wieder anzuhäufen und die Knollen, die vom Gewitter entblößt worden waren, wieder mit Erde zuzudecken, als ich hinter mir die Stimme von Nachbar Joaquín hörte.

¡No, no! Diese Arbeit kannst du dir sparen, sagte er, während er sich eine Zigarette aus der Packung klopfte, den Kopf schüttelte, um sich dann mit schräg verzogenem Gesicht selbst Feuer zu geben.

Aber die abgedeckten Kartoffeln werden doch grün, sagte ich.

Eben, sagte er. Grab sie aus und in die Pfanne damit!

Er meinte auch, die Bohnen, die müsse ich wohl vergessen, aber die Gurken würden sich erholen, schon in zwei Wochen blühe sicher wieder eine.

Als er von einer über ihm schwebenden Rauchwolke begleitet weitergegangen war und ein Dutzend der abgedeckten Kartoffeln nass und erdig in dem blauen Eimer gelandet war, hatte ich mich auf die aufgeschichteten Steine gesetzt, um den Schaden in einer langen, die ganze Seite ausfüllenden Liste festzuhalten. Ich notierte auch, während ich auf sämtlichen Etagen der Pappeln den Aufruhr der Vögel hörte und eine Ameise bemerkte, die rotbraun über meine Buchstaben beinelte, Freund Miguel habe schon recht, wenn er beklage, dass es in diesem Land kein Klima gebe. Entweder es herrsche verheerende Trockenheit oder aber es gieße wie aus Kübeln und mache alles kaputt. Noch nicht wissen konnte ich, dass Anna ein paar Tage später sagen sollte, diese blöden Scheißgewitter, die seien das Überflüssigste, was es überhaupt gebe.

Danach riss ich ein paar grüne Zwiebeln aus, legte sie zusammen mit dem zerzausten Rumpf eines Salatkopfes ebenfalls in den blauen Eimer und machte mich auf den Weg zurück.

Auf der Bank beim Dorfeingang saßen der alte Eugenio und Aureliano. Eugenio hatte seinen Stock zwischen den Beinen und Aureliano sein kleines, braunes Pinscherviech von einem hässlichen Tier auf dem Schoß. Sie erkundigten sich freundlich, ob der Hagel meinem *huerto* wirklich so arg zugesetzt habe, wie sie gehört hätten.

Bevor ich weiterging, sagte ich mit einem Blick auf die sich wiederum dunkel am Himmel zusammenballenden Wolken, dort sei vielleicht schon die nächste Tracht Prügel im Anmarsch.

Aber nein, winkte Aureliano grinsend ab. Ich solle mir keine Sorgen machen, hier gingen die Gewitter um fünf Uhr nachmittags nieder und jetzt sei noch nicht mal elf. Während er weiter den Kopf des kleinen Biestes streichelte, zeigte dieses ein blitzendes Gebiss mit scharfen, spitzen Zähnen und Aureliano rief mir lachend nach, morgen sei ja Dienstag, da komme der Fischhändler ins Dorf, bei dem könne ich bestimmt neue Setzlinge kaufen.

Vor dem Haus begrüßte mich Nachbarin Rosé. Sie hatte einen Eierkarton in der Hand und schien auf mich gewartet zu haben.

Mit einem Blick auf meinen blauen Eimer fragte sie, was ich geerntet hätte.

Poca cosa. Nicht viel, sagte ich.

Auch sie wollte wissen, ob das Gewitter großen Schaden angerichtet habe.

Ja schon, eigentlich, sagte ich, und sie meinte: Da siehst du. Die ganze Arbeit, die du gehabt hast, für die Katz.

Na ja, wollte ich sagen, gestorben ist niemand, aber bevor ich zu Wort kam, sagte sie: Schau, hier hast du ein halbes Dutzend Eier. Die alten Hühner von Ramón legen wie die Weltmeister.

Ich bedankte mich, sagte mit einem Blick in meinen Eimer, diese Eier könne ich gerade sehr gut gebrauchen, und sie meinte noch, ich würde schon sehen, wie gut sie schmeckten.

Nach einem eher zaghaften Fehlversuch am Schreibtisch, den roten Faden zu finden, erinnerte ich mich wieder an die Kartoffeln.

Nach ortsüblicher Manier, ohne sie vorzukochen, raspelte ich diese in eine Schüssel und gab sie mit drei aufgeschlagenen Eiern verrührt in die Bratpfanne. Während sich Eier und Kartoffeln auf dem Herd langsam in eine goldbraune *tortilla* verwandelten, öffnete ich zur Feier des Tages eine Flasche Wein und bereitete mit dem Rest, den der blaue Eimer noch hergab, einen Salat zu.

Die erste *tortilla* aus eigenen Kartoffeln schmeckte aber nicht nur außerordentlich, es war auch kurz nach eben diesem köstlichen Essen, dass sich sämtliche Schleusen öffneten und alle Dämme brachen.

Plötzlich hatte ich den roten Faden nicht nur in der Hand, er sah auch aus wie eine bis ins Unendliche freie Überholspur.

Meine Hand hob ab.

Ich schrieb.

Ich jubelte.

Ich schrieb sogar, dass ich schrieb.

Ich schaute staunend zu, wie meine Hand die Feder mit nie erahnter Leichtigkeit über das Blatt führte und wie am Schnürchen wunderbar leserliche Buchstaben auf die Zeilen setzte.

Ich hörte nur noch die Feder auf dem Papier, auf ihrer verschlungenen Reise quer über die Seite von Rand zu Rand, sah staunend, wie sie einfing, was ich bei allen Anstrengungen seit Wochen nicht geschafft hatte, zur Sprache zu bringen.

Da war er, dieser so lange vergebens gesuchte innere Schwung, der sofort seinen angemessenen Rhythmus findet.

Plötzlich war ich dort, wo die Sätze nur darauf gewartet hatten, ausgerollt zu werden wie lange unbenutzte rote Teppiche. Plötzlich war ich dort, wo Aussicht auf Ordnung herrschte, dort, wo alles möglich ist, wo das Leben nicht vorbeieilt, dort, wo es in Buchstaben fassbar wird und uneingeschränkt ausgekostet werden kann.

Es war ein Traum.

Als ich aufwachte, bahnte sich über den Dächern des Dorfs vor meinem Balkon das zweite Gewitter an. Blitze zuckten auf, rabenschwarz wucherten die Wolken am Himmel, und noch bevor sich das näher kommende Grollen des Donners ohrenbetäubend überschlug, hörte ich vom Kirchturm her die scheppernden, aber vergleichsweise sanften Schläge der Glocke.

Es war fünf.

Der Blitz, der Seeteufel und die fehlende Katze

Das zweite Gewitter war mindestens so heftig wie das erste gewesen, es hatte sogar länger gedauert, aber gehagelt hatte es nicht, und danach hatte sich der Himmel sofort aufgehellt. Ganz plötzlich war er sogar herrlich blau und blankgeputzt, und die Sonne strahlte in den Abend hinein, als wäre nichts gewesen.

Während ich den Rest der Tortilla verzehrte und in den Zeitungen vom Sonntag blätterte, war es schon wieder so still und ruhig im Dorf, dass der Küchentisch zu sprechen begann: *Pong! Klack! Kling!*

Das waren die Flasche, das Glas, die Gabel auf dem Tellerrand.

Und *Klack*.

Wieder das Glas.

Die Zeitungen hatte ich zwar vor mir ausgebreitet, schnüffelte auch darin herum, aber natürlich war ich nicht wirklich am Lesen. Meine Gedanken waren bei dem wunderbaren Traum, aus welchem mich das Gewitter gerissen hatte und den ich zu rekonstruieren versuchte, bevor er mir völlig entwischte. Ohne den Kugelschreiber aus der Hand zu legen, notierte ich auf den Seitenrändern von *El País* und *La Vanguardia* immer wieder Stichwörter, die mir einfielen und die mir aufschlussreich schienen, die sich am nächsten Tag am Schreibtisch aber als derart dürftig erweisen sollten, dass ich schon bald ärgerlich die Feder wieder zuschraubte, den Laptop zuklappte, die Zeitungsseiten mit den beschriebenen Rändern unter dem Schreibtisch zum Altpapier legte, meine Mütze vom Haken nahm, Schuhe anzog, in der Küche den blauen Eimer holte und mich aufmachte, im *huerto* das neuerliche Unheil zu begutachten.

Auf meinem Weg zum Dorf hinaus sah ich mit eigenen Augen, was ich am Vorabend in der Taverne, wo ich mich beim Herunterladen meiner Mails mit mehr als einem Bier über den vermeintlichen Durchbruch am Schreibtisch hinwegtröstete, gehört hatte: Noch schlug die Glocke wie immer zweimal hintereinander die Stunden, aber ein Blitz hatte den Kirchturm getroffen und die Zeiger an der Uhr waren um fünf vor sechs stehengeblieben. Nicht auszuschließen war, dass dieser Schaden genau jener Blitz verursacht hatte, den ich zu meiner

Verwunderung absolut waagrecht vor dem Balkonfenster über die Dächer des Dorfes hinwegzucken gesehen hatte, und zwar so pfeilartig und zickzackig ausgeprägt wie eine Blitz-Zeichnung in einem Comic-Strip.

Unter der schon wieder gleißenden Sonne wirkte der *huerto* dann mindestens so trostlos wie befürchtet. Die Kartoffeln waren in ihrem Kraut abermals dezimiert und wieder dutzendweise nicht mehr zugedeckt. Die durchlöcherten Kürbisblätter waren noch tiefer auf die Erde gedrückt, die Tomatenstauden waren schlaff und ausgedünnt, die Blätter zum Teil zerfetzt, zum Teil eingerollt. In ihrem Elend versuchten die Sonnenblumen vergeblich, Haltung zu wahren. Eine war jedoch gänzlich eingeknickt.

Eigentlich hatte ich mich um die Gurken kümmern wollen, hackte, um die Erde zu lockern, auch kurz ein bisschen in dem Beet herum, ließ es aber bald bleiben. Auch das Stutzen überzähliger Triebe schob ich auf, denn wie k. o. geschlagene Boxer in den Seilen hingen diese Gurkenstauden dort an ihren Schnüren, und ich hatte irgendwie nicht die geringste Lust, länger zu verweilen. Stattdessen nahm ich noch ein halbes Dutzend vom Hagel ebenfalls angebohrte Peperoni von den Stauden, auch die beiden scheinbar einzigen übriggebliebenen Zucchetti nahm ich mit zurück ins Dorf, wo ich, kaum hatte ich den Eimer im Haus in die Küche gebracht, hörte, wie der Fischmann von der Brücke her hupend seine Ankunft verkündete.

Er hatte dann tatsächlich gleich bündelweise verschiedene Setzlinge dabei. Ich bemerkte sie in der hintersten Reihe der Kisten, die er auf dem Dorfplatz neben seinem Lieferwagen auf dem Boden ausgebreitet hatte und in welchen er zusätzlich zum Meeresgetier außer Obst und Gemüse auch Produkte des täglichen Bedarfs wie Trockenwurst und Käse feilbot.

Der Fischmann war gerade damit beschäftigt, mit einem langen Messer auf einem weißen Schneidebrett hinten auf der Ladefläche seines Lieferwagens einen ziemlich garstig aussehenden Fisch pfannenfertig herzurichten, als der neben ihm stehende und darauf wartende Imker Abelardo mit einem missverständlichen Lächeln und mit einer für ihn, der immerhin auch als Kirchendiener und Glockenwart amtete, ungewohnt groben Ausdrucksweise meinte sagen zu müssen, meine Tomaten seien jetzt bestimmt alle am Arsch.

Da mir die passende Antwort nicht gleich einfallen wollte, zeigte ich auf das schleimbraune Monster auf dem Schneidebrett und fragte: Was ist denn das für ein schöner Fisch?

Das ist ein Seeteufel, sagte der Fischmann, und die mit ihrer leeren Einkaufstasche vor mir in der Reihe stehende Nachbarin Pilar zupfte mich an der Hose und sagte: Schade wegen der Tomaten, aber so sei er eben, der Herr im Himmel. Mit der einen Hand gibt er und mit der anderen Hand nimmt er alles wieder zurück.

¡Qué va! Ach was! Noch bevor der Hahn dreimal gekräht haben wird, hätten die Tomaten wieder Blüten, sagte der Fischmann, richtete sich auf, schlug mit seinem Messer auf das Schneidebrett, legte es aus der Hand und wickelte den Seeteufel in ein Papier.

Das werden wir ja sehen, sagte Nachbarin Pilar, nickte mehrmals, stellte sich dann hinten an den Lieferwagen, begutachtete das Angebot an Fisch, Muscheln und Seeschnecken aus der Nähe und zeigte erst auf die Sardinen, ließ sich davon zwei Pfund abwiegen und wandte sich dann dem Obst zu. Als ihre Einkaufstasche prall gefüllt war und sie ihr Rückgeld in einen viel zu kleinen Geldbeutel gestopft hatte und ich an die Reihe kam, kaufte ich erst drei Goldbrassen und dann außer Setzlingen für Kopfsalat auch noch solche für Kohl, Blumenkohl, Broccoli und auch für als Salat gedachten Lattich. Nachbarin Pilar, die neben ihrer Einkaufstasche stehen geblieben war und mich bei der Auswahl beobachtet hatte, schaute auf das stattliche grüne Bündel, das mir der Fischmann in eine Tüte steckte, und sagte: Recht hast du! Wer nichts anpflanzt, erntet auch nichts. Und weißt du was?, fügte sie noch hinzu, indem sie sich wieder so nahe an mich drängte, dass ihre Hausschürze über ihrem gewölbten Bauch meine Hose berührte: Manchmal erntet auch derjenige nichts, der anpflanzt.

Aber verhungern wird niemand, sagte darauf der Fischmann lachend. Und verdursten auch nicht, sagte ich und zeigte auf die Taverne, in der ich ein Bier trinken wollte.

Ich weiß nicht mehr, ob ich mich später nach der Siesta wieder an den Schreibtisch gesetzt hatte, aber ich weiß, dass die Ankunft von Anna unmittelbar bevorstand und dass ich im Garten hinter dem Haus den Salat noch am gleichen Abend vorerst in kleine Töpfe pflanzte. Und aus meinen Notizen weiß ich auch, dass ich später in der Nacht auf dem Balkon verfolgt hatte, wie sich der Himmel am Horizont langsam erst goldgelb, dann orange und schließlich granatrot verfärbte, dass es eine Pracht gewesen war und dass von der Küste her diesmal friedliche kleine Wolken aufkreuzten, die so leicht und so weiß waren und so ordentlich bis in die Unendlichkeit aufgereiht, dass sie mir die Illusion vermittelten, ich würde nicht den Himmel, sondern das aufgeraute, auf dem Kopf stehende Meer betrachten.

Der Ausblick muss märchenhaft gewesen sein, und doch hatte ich in meinem Notizbuch auch einen Mangel vermerkt. Aber wo bleibt die Katze?, steht dort geschrieben, denn früher oder später muss vom Balkon aus immer eine Katze zu sehen sein. Weil schon den ganzen Abend über keine ihren Rundgang über die Dächer gedreht hatte, stellte ich mir eine vor: Wie sie vom Dorfplatz her über den leicht ansteigenden gassenähnlichen gepflasterten Weg zwischen den schlafenden Häusern hindurch anschleicht. Sie ist voll auf Draht, bewegt sich aber langsam, sehr grazil, setzt ihre Pfoten wie ein Tiger auf der Pirsch, hält inne, sieht sich um. Dann windet sie sich um eine Ecke, schleicht weiter, lautlos durch dieses Dorf, in dem die Häuser schweigen und träumen, in dem nur noch die Grillen zu hören sind und ab und zu das Huschen, der Wisch aus dem Nichts, einer Fledermaus.

Die Auftragsarbeit, die Vogelscheuche und das Ratatouille

Es gab nur wenig zu ernten, auch war die Erde vom Gewitterregen so durchnässt worden, dass ich der wieder aufgekommenen Bruthitze zum Trotz schon seit Tagen nicht aus dem Kanal bewässern musste und mich ganz dem Hacken, dem Nachpflanzen und dem Jäten zuwenden konnte. Gar frech wucherte das Unkraut, besonders eine kleine Pflanze, die eigentlich schöne Rosetten bildete, sich aber ausbreitete wie ein grüner Teppich. Auf den Knien ein Zwiebelbeet entlangrutschend, grub ich meine Finger in die Erde und bemühte mich, das lästige *Gejät* mitsamt der ganzen Wurzel auszureißen. Einmal zog ich an einem abgebrochenen Stengel unbeabsichtigt eine noch kleine Knoblauchknolle aus dem Boden, die ich säuberte und mir in eine meiner Hosentaschen steckte.

Vor der Sonne schützte ich mich mit einem Strohhut, aber ich spürte, wie mir der Schweiß über das Gesicht und den Hals hinunterrann.

Es hatte wirklich nur drei oder vier Tage gedauert, dass sich die Tomaten und die Kürbispflanzen wieder aufgerappelt hatten, und bei den Tomaten sah ich nicht nur frische Blüten, ich sah auch, dass sich wieder Früchte zu verfertigen begannen und dass sich eine, leicht versteckt im Kraut, gelbgrün verfärbt hatte und sogar schon leicht rötete.

Ich zögerte nicht, sie zu pflücken.

Nicht unerfreut darüber bemerkte ich dann, dass sich die Bohnen nun doch entschlossen zu haben schienen, weiter zu sprießen.

Trotzdem: Die vom Gewitter verursachten Schäden waren noch immer unübersehbar, und zu allem Überfluss hatte ich am vorangegangenen Tag auch noch die Spuren eines sehr unwillkommenen Besuchers zur Kenntnis nehmen müssen.

Ich war schon am Aufbrechen gewesen, als mir einfiel, einen zerfetzten Salat wäre immerhin besser, als gar keinen im blauen Eimer zu haben.

Ich hatte das Messer aus der Lücke in der Steinmauer genommen und den *huerto* bis zu dem Beet ganz hinten in der Nähe des Waldes beim Bachbett durchquert, wo mir sofort aufgefallen war, dass zwei der Salathäupter, die sich bereits vor dem Gewitter aufzustengeln begonnen hatten, nicht nur so aussahen, sondern tatsächlich von den Spitzen her angeknabbert worden waren, und zwar, das war durch die Größe der Bissspuren offensichtlich, nicht von den Vögeln.

Auch dies hielt ich in wenigen Sätzen auf den flachen Steinen an der Mauer sitzend fest, bevor ich mich zurück an den Schreibtisch begab, wo ich äußerst widerwillig, wie ich mir einredete, einen überfälligen Text für eine Zeitschrift zu verfassen begonnen hatte, den ich unbedingt noch vor Annas Eintreffen fertig haben wollte. In Wirklichkeit hatte ich diesen Auftrag gar nie bestätigt, und es ist nicht auszuschließen, dass ich ihn nur in Angriff genommen hatte, um nicht wieder ergebnislos nach dem roten Faden für mein eigentliches Schreibvorhaben herumtasten zu müssen.

Als ich mich dem Bewässerungskanal entlang auf den Weg zurück ins Dorf machte, hörte ich, dass ich von weitem gerufen wurde. Bevor ich auf der andern Seite des Bachbetts hinter dem hohen Maschendrahtzaun der Schweinemästerei ihren Betreiber José Antonio ausmachen konnte, rief dieser meinen Namen noch ein zweites Mal herüber.

¿Se ha terminado la jornada? Ob mein Tageswerk schon wieder vollbracht sei?, fragte er.

¡No, no!, rief ich zurück, damit fange ich jetzt erst an!

Und während ich weiterging, rief er noch: *¡Tú si que vives bien!* Ich hätte ein gutes Leben.

Wenn du wüsstest, dachte ich, und als ich vom Kanalweg auf die Straße zum Dorf hinauf einbog, kam mir der alte Sastre, einer der dorfstämmigen Sommergäste, entgegen. Auch er ging mittlerweile am Stock, trug seine Schiebermütze auf dem Kopf und darunter eine gespiegelte Sonnenbrille.

Er blieb stehen und sagte: Heiß, nicht?

Ich nickte und sagte: Ja, am besten, man bleibt im Schatten.

Und zwar, ohne sich zu bewegen.

Oder so wenig wie möglich, sagte er dann und fragte: Kommst du vom *huerto*?

Ja, sagte ich.

Geerntet hast du auch schon?

Ja, etwas gibt es immer.

Sich auf seinen Stock stützend, beugte er sich vor, schaute in meinen Eimer und sagte: Auch wenn es nur wenig ist.

Dann wünschte er mir einen schönen Tag und setzte gemächlich seinen Spaziergang fort.

Auf der Bank beim Dorfeingang saß die Señora María in einer hellblauen Mantelschürze mit aufgesetztem Strohhut neben dem runden leeren Weidenkorb, den sie seit einiger Zeit immer dabeizuhaben schien. Ich erkundigte mich nach ihrem Wohlergehen, und sie fragte nach ihrem Sohn Joaquín. Dann fragte sie noch einmal, ob ich Joaquín gesehen hätte, und nachdem ich verneint hatte, fragte sie ein drittes Mal: Hast du meinen Sohn Joaquín nirgends gesehen?

Joaquín ließ nicht auf sich warten. Er habe etwas vergessen, sagte er näher kommend, reichte seiner Mutter den Arm und schaute gleichzeitig in meinen blauen Eimer, den ich neben der Bank abgestellt hatte.

Eine Zucchetti. Eine kleine Tomate. Eine Zwiebel.

¡Algo es algo! Immerhin, sagte ich.

¡Claro!, sagte er, und während er seiner Mutter beim Aufstehen half, fügte ich noch hinzu: Und dies den Eindringlingen zum Trotz, die meinen, sich nachts unrechtmäßig an der Ernte beteiligen zu müssen.

Joaquín schaute mich verwundert an: Willst du sagen, die Steinböcke seien da gewesen?

Zwei Salatspitzen wurden so abgefressen, wie das nur ein großes Tier tun kann. Die Vögel waren es jedenfalls ganz sicher nicht.

Hast du denn nach Fährten gesucht?

Ja, aber dort am hinteren Rand, wo ich gerodet und umgegraben habe, dort liegt noch viel Unkraut herum, auch viele Steine. Eine eindeutige Spur konnte ich nicht erkennen.

Joaquín meinte dann, wenn ich wolle, könne ich

an einem Baum einen leeren Sack oder sonst ein Tuch aufhängen, das halte die Tiere vielleicht fern, wenn auch nicht auf die Dauer.

Oder ich kaufe mir eine Flinte, sagte ich, lachte und ging meines Weges.

Als würde er den Eingang zum Dorf überwachen, sah ich dann Aureliano, der im Schatten seiner Garage saß und seinem hässlichen Rehpinschermischling auf seinem Schoß über den kurzen, braunen Rücken strich. Ein oder zwei Tage vorher hatte mich das kleine Biest angekläfft. Es war auf seinen dünnen Beinen vor der Taverne rumstolziert und war mir wieder vorgekommen wie ein übelgelaunter, überdimensionierter brauner Käfer.

Jetzt sagte ich zwar *buenos días,* aber weil mir ein paar Häuser weiter vorne Nachbarin Rosé grüßend zuwinkte, hatte ich einen guten Grund weiterzugehen, ohne mir anhören zu müssen, mit welchem hämischen Kommentar mich Aureliano wie üblich in ein kleines Gespräch zu verwickeln versuchen würde.

Nachbarin Rosé, die sich auf dem Weg zu ihren Hühnern befand, zeigte mir eine graue Masse in einem Tongeschirr und sagte: Kartoffeln vom letzten Jahr. Die seien nicht mehr genießbar gewesen, aber sie habe einen Brei daraus gemacht. Die Hühner würden das lieben. Das seien ja überhaupt ganz verfressene Dinger, sagte sie noch, und während sie sprach, fiel mir auf, dass sie aus irgendeinem Grund strahlte vor Glück.

Nachdem ich mir Gesicht und Hände gewaschen, ein frisches Hemd übergezogen und mich vermeintlich widerwillig wieder meiner Auftragsarbeit zugewendet hatte, bemerkte ich unter meinem Schreibtisch einen ungewohnten Geruch. In meiner rechten Hosentasche fand ich außer drei kleinen Kartoffeln, die ich aufgehoben und vergessen hatte, dem roten Deckel einer Pet-Flasche, einem rostigen Nagel und einem jener Schnurstücke, die ich mir für das Hochbinden der Tomaten zurechtgeschnitten hatte, auch noch die kleine, doch schon kräftig ihren Duft entfaltende Knoblauchknolle.

Später an diesem heißen Tag, abends vor der Taverne, saß ich zwar im Schatten des einzigen, dort aufgespannten Sonnenschirms, aber noch war das Licht so grell, dass auf dem Bildschirm meines Laptops fast nichts zu erkennen war. Trotzdem gelang es mir, meine Mailbox zu öffnen, und während sie sich leerte und wieder füllte und ich ein kühles Bier trank, kam von der Kirche her der alte Gonzalo um die Ecke. Er ging aufrecht, sogar irgendwie zielgerichtet, aber als eigentlich noch rüstiger Mann bewegte er sich unglaublich bedächtig. Ohne nach links oder rechts zu schauen, ohne mich wahrzunehmen, war er ausschließlich damit beschäftigt, seine Füße sachte, ohne sie auch nur anzuheben, vor sich herzuschieben. Es war, als wäre in dieser Verlangsamung ein Schutz zu finden, als könnte man sich mit Langsamkeit gegen die schweißtreibende Hitze panzern, während man sich mit der kleinstmöglichen Anstrengung unter ihrer Fuchtel hindurch in die Taverne rettet.

Es war in der darauffolgenden Nacht, dass mich um drei oder vier Uhr ein dumpfes Rumpeln aus dem Schlaf gerissen und ich gehört hatte, dass es wieder heftig regnete. Ohne dass ich mich lange darüber gewundert hätte, sondern wieder eingeschlafen war, musste ganz in der Nähe eine Mauer eingestürzt oder etwas zusammengekracht sein.

Am Morgen trank ich, ohne mich an das nächtliche Krachen zu erinnern, eine Tasse Kaffee und suchte, bevor ich das Haus verließ, in meinem Kleiderschrank nach dem weißen Hemd, das ich auf dem Markt in Morella von einem fliegenden Händler gekauft hatte, ohne beachtet zu haben, dass es nur aus Kunstfasern gefertigt und deshalb als Kleidungsstück eigentlich ungeeignet war. Ich stopfte es in den blauen Eimer, zog die Haustür zu und machte mich auf den Weg zum Dorf hinaus.

Wegen des in der Nacht gefallenen Regens waren die Beete wiederum so nass und aufgeweicht, dass ich, um die Erde nicht festzudrücken, es sogar vermied, die schmalen Wege dazwischen zu betreten, und anstatt weiterzuhacken und die Kartoffelfurchen zu jäten, machte ich um den *huerto* einen Bogen, kletterte in das schon wieder fast ausgetrocknete Bachbett hinunter, wo ich im Unterholz der Pappeln nach abgebrochenen oder im Winter angeschwemmten Ästen suchte, die sich als Stecken verwenden lassen würden. Einen langen, festen Ast spitzte ich mit dem Taschenmesser auf der einen Seite so zu, dass ich ihn in die aufgeweichte Erde des Salatbeetes stoßen konnte. Mit Schnur band ich daran einen zweiten Stock fest, und an dieses fast zwei Meter hohe Kreuz zog ich erst den linken, dann den rechten Ärmel des weißen Hemds auf, straffte den Stoff, knöpfte des Hemd zu und steckte noch eine Pet-Flasche, die ich zum Gießen benützt hatte, oben drauf. Und da gerade auch etwas verdorrtes Brombeergestrüpp in der Nähe lag, hob ich ein paar Stränge davon auf, machte daraus einen dornigen Kranz, den ich wie einen Hut auf die als Kopf gedachte Flasche drückte.

Bevor ich den *huerto* verließ, blieb ich oben beim Kanal auf der Mauer stehen und blickte zurück: Ich war ziemlich zufrieden mit meiner Arbeit. Und als ich meinen Blick noch einmal über alle Beete schweifen ließ, hatte ich keinen Zweifel, dass ich den blauen Eimer schon bald wieder würde füllen können.

Ich war mir sicher, dass demnächst wieder die Röhren der Zwiebeln über seinen Rand lappen und oben auf den Gurken, Auberginen und Zucchetti ein unangeknabbertes Salathaupt rausschauen und dass auf der Bank beim Eingang zum Dorf jemand neidvoll sagen würde: *Buena cosecha.* Schöne Ernte.

Es war ganz klar, noch vor Annas Eintreffen würde ich wieder Knoblauch hacken und die frisch aus der Erde gezogenen Zwiebeln würden weiß leuchten, das Olivenöl zischen, ich würde rühren und den aus dem Topf steigenden Geruch des *huerto* einatmen. Bestimmt würde dann im Kühlschrank eine angefangene Flasche Weißwein stehen, und ich würde die Zucchetti schälen und sie der Länge nach auf- und dann in Stücke schneiden. Ich würde einen frisch vom Strauch geknickten Zweig Rosmarin und ein paar Lorbeerblätter vom Baum hinter dem Haus dazugeben, dann würde mir eine der Auberginen in ihrem Glanz wieder so edel und vollkommen vorkommen, dass ich die Kamera holen müsste.

Es war nur eine Frage von wenigen Tagen, und

ich würde das nächste Ratatouille auf meinem Teller haben.

Und es würde nach Sommer riechen, und es würde die Farben der Landschaft haben, und es würde noch viel besser schmecken als all die vielen Ratatouilles, die ich bis anhin schon zubereitet hatte, und ich würde, noch bevor es gar wäre, vielleicht von dem beim Kochen getrunkenen Weißwein euphorisiert, auf den Rand der bei den internationalen Nachrichten aufgeschlagenen Zeitung *La Vanguardia* irgendeine plötzlich aufleuchtende Gewissheit festzuhalten versuchen, die mich bestimmt aus der Falle, in die ich mit meiner Arbeit geraten war, erlösen würde, und der blaue Eimer am Boden neben der Tür würde nur noch ein paar Erdkrumen enthalten, die wie Brosamen aussähen, und ich würde wieder Salat in der Schüssel haben, und vor dem Fenster würde das Dorf in der Hitze schmoren und ich würde zu dem wunderbaren Ratatouille auch noch weißes Brot essen und roten Wein trinken.

Das Tintenfässchen, der Stachel und der Rausch

Am Tag nach ihrer Ankunft kam Anna plötzlich die Treppe hoch. Wenn auch von ihrem Auftauchen überrascht, entging mir am Schreibtisch sitzend nicht, wie sie sich umsah, wie sie mit einem neugierigen Rundblick die ganze Anordnung von Büchern und Papieren, von Bildern und Möbeln einfing und dann spöttisch lächelnd sagte: So, sind wir jetzt wieder im Mittelalter und schreiben von Hand? Sie kam näher, bückte sich, als wollte sie mir unter den Schreibtisch gucken, und tat, als suchte sie etwas: Haben wir da vielleicht irgendwo noch ein Tintenfässchen?

Wäre ich dazu schlagfertig genug gewesen, hätte ich vielleicht beteuert, dass es mich wundern würde, wenn das Schreiben von Hand nicht auch seine Berechtigung hätte, stattdessen war ich gerade knapp in der Lage »Hallo!« zu sagen, bevor Anna zu der ewig unvermeidlichen Frage ausholte.

Nein, antwortete ich, während ich mein Heft zuklappte und meine Feder wieder zuschraubte, ich habe nicht über dich geschrieben, ich schreibe die Geschichte dieses Dorfes oder besser gesagt, ich würde die Geschichte dieses Dorfes schreiben, wenn ich nicht in die Ungnade der Götter gefallen wäre und dauernd in tödliche Sackgassen geraten würde.

Aber jetzt, sagte ich dann, jetzt gehe ich noch kurz in den *huerto*. Ich muss schließlich nach meinen Kartoffeln schauen.

Oh!, sagte Anna erfreut, kann ich mitkommen?

Natürlich kannst du mitkommen. Hinter dem Haus gibt es noch Töpfe mit Salatsetzlingen; du kannst mir tragen helfen.

Anna schlüpfte in andere Schuhe, band sich ein Tuch um den Kopf, setzte die Sonnenbrille auf und schon unterwegs zwischen den Häusern hindurch aus dem Dorf hinaus fragte sie, ob ich wirklich etwas über diesen Ort schreiben würde.

Ja, sagte ich, mittlerweile würde ich mich dazu nicht nur berechtigt, sondern geradezu verpflichtet fühlen, denn, fragte ich, wer würde es sonst tun?

Hier blieb Anna stehen, hob die Sonnenbrille an, um mich direkt anzuschauen und sagte: Aber unsere Geschichte lässt du bitte aus dem Spiel.

Keine Angst, sagte ich.

Im *huerto* lachte Anna über meine Vogelscheuche und fragte, was ich denn jetzt plötzlich gegen die armen Vögel hätte. Ich sagte, eigentlich nichts, aber ab und zu gebe es eine Amsel zu viel. Von den Steinböcken sagte ich nichts, zeigte aber stolz auf die kräftig aufschießenden Stauden der Kartoffeln, auch auf die Risse in der Erde dazwischen. Ohne zu erwähnen, dass mich Nachbar Joaquín erst am Tag vorher darauf aufmerksam gemacht hatte, sagte ich: An diesen Rissen sieht man, dass die Kartoffeln wachsen und Platz beanspruchen.

Ich spannte dann hinten bei der Vogelscheuche im frisch gehackten, noch nicht bepflanzten Teil wieder eine Schnur und legte für die Salatsetzlinge möglichst gerade ein neues Beet an, und während Anna sich unternehmungslustig zeigte, indem sie sich emsig jätend über die Zwiebeln und den Knoblauch beugte, machte ich in dem neuen Beet mit meinem Rundholz tiefe Löcher, die ich ausgiebig wässerte. Ich setzte jeden Salatsetzling so behutsam, aber tief und fest in die Erde, als müssten daraus Bäume werden.

Weil sich inzwischen der Himmel verfinstert hatte und schon vereinzelte Tropfen fielen, hängten wir die Werkzeuge bald zurück an den Apfelbaum. Ich goss noch einmal die Setzlinge, nahm dann die Gartenschere aus ihrer Ritze in der Mauer und schnitt eine gerade aufgehende rote Rose aus einem der Sträucher an der Trockensteinmauer.

Anna schaute mich vorwurfsvoll an.

Wozu schneidest du denn diese schöne Rose ab?, fragte sie.

Für dich!

Für mich?

Sicher, sagte ich.

Annas Gesicht hellte sich wieder auf, aber als sie nach der Rose griff, die ich ihr übergab, verfinsterte es sich gleich wieder und sie sagte: Scheiße, ein Stachel!

Oh, entschuldige!, sagte ich, und gerade als wir uns auf den Weg zurück ins Dorf machten, begann dort die Glocke zu schlagen.

Was? Schon neun?

Anna war erstaunt, und als die Glocke die neun Schläge wiederholte und wir die Straße zum Dorf hinaufgingen, zeigte sie mit der Rose, die sie mit Daumen und Zeigefinger festhielt, zum Kirchturm und sagte: Die Uhr ist stehengeblieben.

Ja, weil ein Blitz den Turm getroffen hat.

Wenn das nichts zu bedeuten hat, sagte sie.

Und ziemlich genau eine Stunde später, am Küchentisch, als der angedrohte Regen ausgeblieben war, der Himmel sich noch einmal aufgehellt hatte und die Sonne am Horizont eben mit ihrem ganzen gigantischen rosaroten Brimborium wegtauchte, goss ich Wein nach und bemerkte, dass die Flasche leer war.

Soll ich noch Wein holen?

Anna wunderte sich: Was? Erst zehn und kein Wein mehr?

Weil ich darauf lachte, fragte sie: Findest du das lustig?

Nein, sagte ich und schüttelte den Kopf.

Warum lachst du dann?

Weil du da bist, sagte ich.

Ich glaube, wir schauten dann einen Film, bei dem wir schon bald nicht begreifen konnten, warum er uns empfohlen worden war, schalteten ihn aus, nahmen unsere Gläser und die Flasche, die ich aus dem Keller geholt hatte, und setzten uns auf den Balkon.

Dort hörte ich den fernen Ruf eines Käuzchens, und während ich neugierig auf das nächste *Uuuuu* … wartete, glaubte ich, im Himmel wieder das Meer zu sehen, und es war, als stünde unser Haus am Strand. Der Turm der Kirche kam mir vor wie ein Leuchtturm und die anderen Häuser mit ihren Schornsteinen und Antennen auf ihren Ziegeldächern waren jetzt im Hafen vertäute Schiffe. Die Sterne schienen aufzubrechen wie die Boote der Fischer, und die Fledermäuse waren natürlich Möwen, die die Fischerboote hinaus begleiteten in die Unendlichkeit, und als hätte sie ganz ähnliche Gedanken im Kopf, sagte Anna, sie könne es kaum glauben.

Was kannst du kaum glauben?, fragte ich.

Dass dies wahr ist.

Dass du hier bist?

Ja, sagte sie, und dass das Dorf hier ist und die Katze, die eben über die Dächer schlich. Und die Fledermäuse … und wie dieser Kirchturm hier steht.

Dieser Kirchturm? Aber das ist doch ein Leuchtturm, sagte ich.

Und dann dieser Mond, sagte sie.

Was der da aufführt hinter den Wolken, die ihn immer wieder neu ein bisschen zum Vorschein kommen lassen.

Ah, der Mond, sagte ich.

Das ist doch alles gar nicht wahr.

Weißt du was?, sagte sie dann. Vor ein paar Wochen, als meine Zahnärztin Schmerzen für unvermeidlich hielt und mir empfahl, an etwas Schönes zu denken, dachte ich an den Blick von diesem Balkon über diese Ziegeldächer, über die Häuser dieses Dorfes.

Aber Anna, sagte ich, das sind keine Häuser, das sind doch die Schiffe im Hafen.

Der Regenschirm, der Käfer und elf Oliven

Als sich oben auf einem kahlen Felsen ein Steinbock mit mehreren Pfiffen bemerkbar machte, war er uns so nahe, dass wir auch die windigen Nebengeräusche hörten, die aus seinen Nüstern drangen. Während er uns ein paar Sekunden beobachtete und wir seine mächtigen Hörner bewundern konnten, geriet das Gelände hinter ihm in Bewegung, und ein ganzes Rudel löste sich aus der Tarnung zwischen Felsbrocken und Büschen, um mit waghalsigen Sprüngen, aber ohne Hast, in den steil aufragenden Kalksteinwänden zu verschwinden.

Mit Freunden waren wir auf einem Spaziergang an der Kapelle vorbei dem ausgetrockneten Bachbett gefolgt, waren über vermooste Steine und durch in den Fels gewaschene, jetzt trockene Vertiefungen hinaufgestiegen. Anna hatte ein ganzes Bündel Poleoi-Minze gepflückt, und ich hatte einen sauber gebleichten Knochen von der Länge meiner ausgebreiteten Hand gefunden. Als ich den Knochen, der aussah wie ein Schienbein, in die Tasche steckte, hatte mich mein lieber Freund Miguel beobachtet und gefragt: Was willst du denn damit? Ohne ihm zu antworten, war ich weitergeklettert.

Kurz nachdem wir die Steinböcke aufgescheucht hatten, blieb die ortskundige Mercé stehen, sah sich um und sagte bestimmt: *¡Viene agua!* Es wird gleich regnen! Sie schaute nicht an den Himmel, sie schaute durch die Schlucht in das kleine Tal hinunter, wo ein leichter, aber unübersehbarer grauer Dunst zwischen Bäumen und Büschen dem Bachbett entlang zum Dorf heraufgekrochen kam.

Weil es kurz darauf, nachdem wir unseren Ausflug abgebrochen hatten, tatsächlich heftig zu regnen begann und sich der Himmel, der sich uns in der Schlucht nur sehr begrenzt gezeigt hatte, beinahe nachtschwarz verfärbte und wiederum mit heftigem Donnern und wild herumzuckenden Blitzen ein Gewitter losbrach, hatte ich es nicht versäumt, zu meinem Notizbuch zu greifen. Dort steht, mit einem Ausrufezeichen versehen: Nicht alles, was kommt, kündigt sich im Himmel an.

Es war später am Abend in Morella, als wir schon in einer Taverne rund um einen großen Tisch saßen und verschiedene Tapas bestellt hatten, dass Anna sagte, diese Scheißgewitter seien das Überflüssigste, was es überhaupt gebe.

Wir hatten bei der Wirtin, die in einer Ecke hinter der Theke mit einem Spachtel bewaffnet auf einer *plancha,* das heißt, direkt auf einer großen Herdplatte, kleine Tintenfische, Krevetten, Lammnierchen und Fleischspieße grillte, gemeinsam für die ganze Gruppe mehrere Portionen bestellt, tranken Bier und Wein, und da ich noch beim Buchladen hatte vorbeischauen können, blätterte ich, während am Tisch das Gespräch gesellig weiterging, in meinen zwei Zeitungen.

Gerade als ich einmal aufschaute und mich im Lokal umsah und mich dabei über einen Gast wunderte, der, anstatt einen Zahnstocher zu benützen, sich die Finger seiner rechten Hand bis über die Gelenke hinaus in den Mund steckte, quoll aus der Ecke der Herdplatte eine finstere Rauchwolke hervor, der aber, als wäre dies das Normalste der Welt, außer Anna und mir niemand auch nur die geringste Aufmerksamkeit schenkte. Und noch bevor unsere bestellten Tapas kamen, fragte mein lieber Freund Miguel, ob wir, Anna und ich, nun schon wie geplant bei den Geiern gewesen seien.

Wollt ihr die Futterstelle besuchen?, fragte jemand, worauf Mercé erzählte, im letzten Herbst seien sie dort ganz in der Nähe in die Pilze gegangen, und weil sie natürlich vor allem auf den Boden geachtet hätten, habe sie sich unten an einer im Wald aufragenden Felswand plötzlich mitten unter mindestens einem Dutzend Geiern befunden. Die riesigen Vögel wären dort überall in den Kiefern gehockt. Und so viele! Sie sei zu Tode erschrocken. Diese bedrohlichen Viecher dort auf den Ästen mit diesen großen Augen!

Ganz leise und möglichst unauffällig sei sie langsam, Rückwärtsschritt für Rückwärtsschritt wieder von dort verschwunden, und dies, obschon ihr ja eigentlich klar sei, dass Geier keine Menschen angreifen würden. Da ich hellhörig geworden war und an meinen Nachbarn Ramón dachte, sagte ich: Sie greifen dich nicht an, außer vielleicht, wenn du hinfällst.

¡Eso! Genau! So sei es, meinte Miguel grinsend. Ja nicht hinfallen.

Und das Beste sei, man habe einen Regenschirm dabei.

Einen Regenschirm?

Anna schüttelte den Kopf.

Doch!, sagte Miguel. Den spannst du auf, das macht dich größer. Und indem er Anna anlachte, sagte er: Also, nicht vergessen! Nicht umfallen und immer einen Regenschirm dabeihaben!

Oder zwei, sagte ich und Anna sagte, sie würde

bei Gelegenheit trotzdem gerne zu diesem berühmten Fütterungspunkt fahren.

Wie aus meinen Notizen hervorgeht, sollte Anna am nächsten Tag beim Abendessen unter anderem sagen: Sie schmecken gut, deine Kartoffeln.

Worauf ich antworten sollte: Dabei sind das nur die, die ich einfach so auflese, weil sie wegen der Gewitter ungewollt zum Vorschein kommen. Ich weiß ja noch nicht mal, wie man sie richtig ausgräbt. Und die kleinen Kartoffeln im Ofen zu machen, war auch nicht meine Idee.

Anna sollte auch noch fragen, ob ich denn als Kind nicht auch mal beim *Härdöpfelen,* also bei der Kartoffelernte, mitgeholfen hätte? Und auf meine Bejahung mit dem Einwand, das sei aber lange her, sollte sie erwidern: Sehr schwierig könne das ja nicht sein.

Tagsüber waren wir mit dem Volvo durch Wälder und Hügel kurvend zu einem von Annas Lieblingsorten gefahren. Wir waren zu der mittelalterlichen Burgruine hinaufgestiegen, von welcher über Rebberge und Olivenhaine hinweg in der Ferne sogar die an den wilden Westen erinnernden Felsentürme von Horta de San Joan zu sehen sind.

Die Sonne strahlte, grünsilbern glitzerten die

Olivenbäume links und rechts der Straße. Ihr Blattwerk wogte sanft im Wind, nur ab und zu bog sich ein vereinzelter Ast von einem Luftstoß erfasst aus einer Krone, richtete sich auf wie ein Arm, als wollte jemand aus der Menge heraus das Wort ergreifen.

Ich erinnere mich auch, dass ich behauptete, dieser zauberhafte Silberglanz der Olivenbäume gehöre zu jenen Wundern der Natur, die sich nicht wirklich fassen, schon gar nicht reproduzieren ließen. Der Silberglanz der Olivenbäume würde sich schlicht nicht einfangen, weder fotografieren noch malen lassen. Ich wüsste von keinem einzigen meisterlichen Gemälde, das dies restlos überzeugend geschafft hätte.

Tief aus dem Beifahrersitz heraus hatte Anna nur gesagt: Klar, das sind ja auch einfach die schönsten Bäume, die es gibt.

Es war am Morgen dieses Tages gewesen, dass ich mich im *huerto* über den Regen geärgert hatte, der wiederum eine ganze Schicht Erde weggeschwemmt und dadurch reihenweise Kartoffeln abgedeckt hatte. Während ich die Furchen wieder anhäufelte und die kleinen, zum Vorschein gekommenen Knollen in dem blauen Eimer sammelte, ärgerte ich mich aber vor allem darüber, dass ich die Kartoffeln im Frühjahr offensichtlich teilweise zu wenig tief gesetzt hatte.

Nachdem ich den Eimer mit den kleinen Knollen oben auf die Mauer gestellt und begonnen hatte, die allerschlimmsten Auswüchse des wieder wie über Nacht hervorgeschossenen Unkrautes zu jäten, hatte ich wohl bemerkt, dass weit oben über dem *Castillo* ein Geier kreiste und dass noch weiter oben ein kleiner silberner, geschweifter Pfeil von einem Flieger den Himmel durchkreuzte. Beim Weiterjäten bemerkte ich dann, wie sich in dieser rauen Mondlandschaft, die die Erde aus der Nähe betrachtet sein kann, ein braunschwarzer Käfer um Abtransport eines dünnen Regenwurms bemühte. Mit seinen vielen Beinen kraxelnd, versuchte der Käfer im braunen Humus zwischen einem vermodernden Blatt, einem Kieselstein und den winzigen Überbleibseln einer verwelkten Staude oder einer ausgerissenen Wurzel hindurch, seine Beute auf jenes himmelhohe Gebirge hinaufzuschleppen, das die Kartoffelfurche für ihn darstellen musste.

Er hatte vielleicht zwanzig Füße und einen dreieckigen, rechthaberischen Kopf mit zwei Fühlern oder Hörnern und war ungefähr so groß wie drei aneinandergereihte kleine Fliegen. Mit unbeirrbarer Ernsthaftigkeit kletterte er einen weiteren Zentimeter hoch, rutschte aber gleich wieder hinunter. In sie verbissen, hievte er seine Beute ruckend um ein Steinchen herum und über den verwesten Stummel eines kleinen Zweiges hinweg, weiter durch die für ihn mörderische Unwegsamkeit seiner Welt, rutschte wieder ab, änderte den Kurs, immer mit seinem zweimal so langen, dünnen, toten oder bewusstlosen, sicher aber schwer verletzten Regenwurm im Schlepptau.

Lange bevor klar geworden wäre, wohin genau er den bläulichen Wurm abtransportieren wollte, und ich in mein Notizbuch schrieb: Käfer unterwegs auf erratischem Kurs!, stand oben auf der Mauer der alte Marcos.

Er hatte seine beiden kleinen Hunde dabei, die sich ihm wie artige Kinder links und rechts zur Seite setzten, während er sich unter dem Strohhut in der weißen Mähne kratzte und grinsend eine offenbar sehr lustige Bemerkung machte, die ich aber nicht verstehen konnte.

Natürlich erwartete ich, dass er mir gleich wieder sagen würde, nach dem Gewitterregen von gestern hätte ich im *huerto* nichts zu suchen, ich mit meinem Gewicht, aber er guckte in den blauen Eimer und ich sagte: Nur ein paar kleine Kartoffeln.

Solche, sagte Marcos, macht meine Frau im Ofen. Mit *alioli*. Ob ich wisse, was das sei?

Sicher, sagte ich, Mayonnaise mit Knoblauch.

Das ist das Beste, was es gibt, sagte er.

Ich beklagte dann, dass man sehr viel jetzt in den

Beeten ja nicht machen könne. Aber die Kartoffeln zudecken, das habe halt sein müssen, sagte ich.

Aus irgendeinem Grund begann Marcos wieder zu grinsen und zu lachen. Dann sagte er: Das Einzige, was wir jetzt machen können, ist ernten und essen. Und spazierengehen. So wie ich.

Und wieder lachte er, aber bevor er weiter in Richtung der Kapelle ging, wohin ihm die Hunde schon vorauseilten, zeigte er noch auf eins der Zwiebelbeete: Das Ding dort musst du abschneiden.

Ich drehte mich um, sah aber nicht, was er meinte.

Nein, sagte er, weiter rechts.

Du meinst die Blüte?

Ja, die frisst sonst die ganze Kraft der Zwiebel auf. Und mit einem bösen Blick auf den Zürgelbaum: Und der steht ja immer noch da mitten drin, als wäre er König Juan-Carlos!

Dass er genau diese Worte benützte, entnehme ich meinen Notizen, in welchen auch steht, dass ich, bevor ich den Käfer mit dem Regenwurm zu beobachten begonnen hatte, an einem der noch sehr jungen Bäumchen immerhin elf reifende Oliven gezählt hatte.

Das eingestürzte Dach, die Liste und das Eichhörnchen

Beim Aufstehen trat ich auf den Balkon und sagte: Und wieder ein schöner Tag.

Und wieder eine schöne Nacht, sagte Anna, lesend im Bett.

Anna las einen Roman, der mir so dick und schwer vorkam wie ein Telefonbuch. Als sie ihn zum ersten Mal aus ihrer Tasche genommen und dabei meinen neugierigen Blick bemerkt hatte, drückte sie sich die Titelseite gegen den Bauch und sagte: Das ist nichts, das dich auch nur im Entferntesten interessieren könnte.

Ich selbst hatte am Abend vorher meinen Josep Pla weggelegt. Nicht zum ersten Mal hatte sich bei unseren Ausflügen in die Umgebung des Dorfes dessen bewegte Geschichte wieder in den Vordergrund geschoben und ich hatte mit der Lektüre von *Homage to Catalonia* von George Orwell begonnen.

Nachdem ich Kaffee getrunken und auch Anna eine Tasse neben das Bett gestellt hatte, suchte ich meine Sachen zusammen, holte in der Küche den leeren blauen Eimer, setzte mir meine Mütze auf und machte mich auf den Weg zum *huerto.*

Es war wirklich wieder ein strahlender Tag. Der Himmel war blau wie auf einer Postkarte und über dem *Castillo* kreiste hoch und erhaben ein einzelner Geier.

Im Gehen lauschte ich den Vögeln, aber auch dem Widerhall meiner eigenen Schritte, bis ich auf der Höhe der Bank beim Dorfeingang hörte, dass hinter mir José Antonio meinen Namen rief. Während er mich einholte, bemerkte ich, wie der Geier über dem *Castillo* verschwand, aber gleich wieder, begleitet von einem zweiten Geier, zum Vorschein kam.

Meinem Blick folgend schaute auch José Antonio zum Himmel hoch und ich sagte: Gestern waren wir bei dieser Stelle, wo sie gefüttert werden.

Diese Biester da oben?

Ja, sagte ich. Kein erhabenes Schauspiel.

José Antonio lachte, aber ohne stehenzubleiben und ohne sich auf die Oberschenkel zu klopfen.

Was hast du denn erwartet? Ein Abendmahl?

Ich sagte dann, schön sei eigentlich nur gewesen,

diese großen Vögel beim Landen und beim Auffliegen aus der Nähe beobachten zu können.

Während wir wieder zum Himmel hochschauten, wo jetzt schon ein kleiner Schwarm kreiste, sagte José Antonio: Da ist vielleicht eine von Ramóns Kühen am Kalben.

Oder ein Steinbock ist abgestürzt, sagte ich und fuhr fort: Bei diesem Fütterungspunkt kommen die Geier wirklich an wie kleine Flugzeuge, strecken schon weit über dem Boden ihre Füße mit den großen Krallen aus wie Fahrgestelle. Und diese Menge, sagte ich. Das sei sehr wohl beeindruckend. Und auch gruselig.

Vielleicht weil ihn mein Bericht nur mäßig interessierte, hatte sich José Antonio mit seinen trottenden Schritten schon leicht vorgeschoben, drehte sich aber noch einmal zu mir um und fragte: Gibt es bei euch denn etwa keine Geier?

Doch, sagte ich, aber im ganzen Land allerhöchstens ein halbes Dutzend.

¡Hombre!, sagte er. Hier gibt es Tausende.

Und weißt du was, sagte ich, bei uns hat jeder von denen einen ganzen Stab von Betreuern. Da hat jeder seinen Wildhüter, seinen Tierarzt, seinen Biologen, seinen Sozialarbeiter.

Sozialarbeiter? Mit offenem Mund blieb José Antonio stehen. *No puede ser.* Das kann nicht sein.

Ich übertreibe, sagte ich, aber mindestens einen Wildhüter für jeden gibt es bestimmt. Und Namen haben sie auch.

Darauf schlug er sich nun wirklich mit den Händen auf die Oberschenkel und lachte: Eure Geier haben Namen.

Nachdem wir unten bei der Brücke noch eine Weile stehengeblieben waren und er mir, weil es wegen der Sommerpause keine herausragenden Fußballsensationen zu besprechen gab, den Dorfklatsch zugetragen hatte, ging er weiter zu seiner Schweinemästerei, und ich bog ab auf den Weg, der dem Bewässerungskanal entlang zu meinem *huerto* führt.

Zuerst sah ich nach den Tomaten, vergewisserte mich dann, dass der frisch gesetzte Salat noch da war und dass auch sonst kein Schaden angerichtet worden war. Beim Weiterhacken brachte mich die aufkommende Hitze schon bald zum Schwitzen, was mich veranlasste, die Hacke wegzuhängen, den blauen Eimer zu füllen und zurück zum Dorf hinaufzugehen.

Kann sein, dass ich unterwegs einer Katze begegnete, kann auch sein, dass ein Vogel meine Aufmerksamkeit auf sich zog, vielleicht unterhielt ich mich sogar kurz mit Aureliano oder mit Gonzalo oder mit José de Blas, sicher stellte ich aber den vollen blauen Eimer in die Küche, und ohne Anna zu sehen, die ich mit ihrem Telefonbuch im Garten hinter dem Haus vermutete, setzte ich mich an meinen Schreibtisch.

Weil ich dort wiederum lange ohne nennenswerten Erfolg versucht hatte, meine Arbeit voranzutreiben, war ich froh, als mich Anna zum Essen rief.

In der Küche fiel mein erster Blick gleich auf den rot leuchtenden, reichlich mit Basilikum angerichteten Tomatensalat auf dem Tisch. Auch eine Schüssel mit Kichererbsen fiel mir sofort auf. Die ebenfalls mit Tomaten und Basilikum wie auch mit Zwiebeln und Peperoni angerichteten Kichererbsen sahen so appetitlich aus, dass ich dachte, es gebe nichts unter der Sonne, das sommerlicher aussieht als Annas Kichererbsensalat.

Daneben gab es auf einem Holzbrett im Ofen mit Olivenöl getoastetes Brot, auf einem Teller dünn geschnittene und gedünstete Zucchetti und Auberginen; in einer Tonschüssel glänzten gegrillte *chorizos* und neben dem Weinglas stand ein goldgrün leuchtendes, bis zuoberst mit Minze sichtbar gefülltes Glas Tee.

Alles parat, sagte Anna.

Alles wunderbar, sagte ich.

¡Buen provecho! Guten Appetit.

Am darauffolgenden Abend saßen wir schon zum letzten Mal vor Annas Abreise auf dem Balkon unter einem vom Mond beleuchteten Himmel, an dem ein paar wenige Wolken übereinander wegglitten, sich verformten, verschmolzen, sich wieder aufteilten und verwandelten, als meinten sie, uns unterhalten zu müssen.

Die Glocke im Kirchturm hatte gerade zweimal zwölf Schläge über das Dorf verteilt, und mir war, als würde hinter dem Zirpen der Grillen, zwischen den Rufen des Käuzchens und dem Vorbeihuschen der Fledermäuse, die Stille laut und hörbar.

Ich sah hinauf zu dem Kreuz auf dem *Castillo*, zu dem wir am Nachmittag hinaufgestiegen waren; ich sah den stumm schreienden Mond, und nachdem ich einen Schluck Wein genommen und das Glas wieder oben auf das Balkongeländer gestellt hatte, sagte ich: Jetzt rauscht sie wieder heran.

Da mich Anna fragend anschaute, sagte ich: Sie rauscht an wie verrückt.

Die Nacht?

Die Welt, sagte ich. Die ganze Welt. Und dieses Dorf. Es tut wieder so, als wäre es etwas ganz Besonderes.

Anna schaute mich nochmals an, schüttelte leicht den Kopf und sagte nach einer Pause: Dieses Dorf ist aber etwas ganz Besonderes.

Am Aussterben ist es, sagte ich.

Na und?, sagte Anna.

Weißt du, dass wieder ein Dach eingestürzt ist?

Schon wieder?

Gleich da vorne, rechts unten.

Dort, wo früher die Señora Remedios wohnte?

Genau. Von hier kann man es nicht sehen.

Wer hat es dir gesagt?

José Antonio.

Ha, der Schweinemäster.

Ich habe es einstürzen gehört. Ein Rumpeln hat mich aus dem Schlaf gerissen.

Anna nahm einen Schluck Wein, schaute in die Nacht hinaus, zum Kirchturm und dann zu dem Kreuz auf dem *Castillo* hinauf.

Aber dort oben war es sehr schön, sagte sie.

Der Anfang des Aufstiegs auf dem kaum mehr benutzten Weg durch den Steineichenwald hatte mich so außer Atem gebracht, dass ich mich im Unterholz nach einem Stock umgesehen hatte. Wir waren zu dem Hügelrücken hinter dem Dorf hinaufgestiegen, weil Anna gesagt hatte, sie müsse noch zum Kreuz gehen.

Wir hatten beim Essen neckisch davon gesprochen, ob sie jetzt alles erledigt habe, ob sie mit gutem Gewissen abreisen könne.

Sie müsse noch zum Kreuz, sagte sie, dann habe

sie die Liste abgehakt, habe sie getan, was sie hier jeden Sommer tue und tun müsse, dann habe sie all die unvermeidlichen Spaziergänge gemacht und die unvermeidlichen Leute getroffen und die unvermeidlichen Orte besucht.

Aber du weißt, hatte ich gesagt, dahin zu kommen ist nicht ganz einfach, das kann sogar gefährlich sein.

Das weiß ich doch, hatte Anna gesagt. Aber ich will ja nicht vorne durch die Stirnwand hochklettern wie früher.

Später stieg ich nochmals durch den Steineichenwald zu dem Hügelrücken hinter der Schweinemästerei hoch, aber diesmal mit der Feder voran. Zwar klebte die Hand, auch der Unterarm am Papier, denn es war heiß, obschon es morgens noch angenehm frisch, sogar kühl gewesen war. Trotzdem sollte die Feder festhalten, wie wir uns dort oben durch die dicht gewachsenen, trockenen Steineichen einen Weg bahnen mussten. Immer wieder ist da nämlich noch ein Ast, der mir den Hut vom Kopf zieht, der mir ins Gesicht zu klatschen droht, der mir den Hals zerkratzt. Wir gehen meist im Schatten, aber die Hitze hält uns fest umklammert, und weil da kein Weg, auch bald kein Pfad mehr zu erkennen ist, können wir die Richtung nur mit kleinen Umwegen halten. Der Boden ist weich, federnd sogar. Es riecht nach Kiefern, nach Moder. Wir hören hier ein Zwitschern, dort ein Pfeifen, wieder ein Knacken. Während ich mir den Schweiß vom Gesicht wische, verfolge ich neidisch den frivolen Wankelflug eines weißen Schmetterlings.

Anna schließt auf und fragt, ob ich mir sicher sei, dass wir uns nicht verirrt hätten. Nein, nein, sage ich, wir müssen einfach möglichst hoch am Hang bleiben, dort oben verläuft der Grat dieses Hügelrückens, der dann in den Felsen des *Castillos* übergeht. Schon bald muss das Kreuz zu sehen sein.

Wir klettern weiter über das von Dorngestrüpp überwucherte Geröll eingestürzter Stützmauern, wir suchen nach begehbaren Lücken, bücken uns unter kratzenden Ästen hindurch, immer bestrebt, nicht ab-, sondern aufzusteigen.

Ob ich das Kreuz jetzt sehen würde, will Anna wieder wissen. Nein, noch nicht, aber sicher bald. Anna hält sich tapfer. Mit vor dem Gesicht erhobenen Armen drängt sie sich zwischen einem Wacholderbaum und einer verbuschten Steineiche hindurch. Siehst du jetzt das Kreuz? Anna verliert langsam die Geduld. Nein, aber gleich, sage ich. Wir durchqueren kleine, seit Generationen nicht mehr bewirtschaftete, terrassierte Äcker. Sie sind so steinig, man kann sich kaum vorstellen, wie hier einmal Roggen und Hafer gesät und, wenn auch in kläglichen Mengen, geerntet worden ist. Bei einem etwas lichteren Wegteil sehen wir auf der einen Seite weitere, mit Trockensteinmauern halsbrecherisch angelegte, terrassierte Kleinstäcker, auf der anderen Seite weit unten jetzt auch das Dorf. Und dahinter steil aufsteigend die *Tossa,* den Hausberg. Anna hört in der Ferne eine Herde, aber wo ist das Kreuz?, fragt sie abermals. Während ich die Kamera aus der Tasche ziehe und ein Bild mache, ermahne ich Anna zur Ruhe.

Ich will jetzt endlich das verdammte Kreuz sehen!, sagt sie.

Aber Anna!, sage ich.

Dann sehen wir es. Es steht leicht schief, aber fest im Felsen verankert.

Endlich, sagt Anna.

Auf den letzten Metern müssen wir wieder mit Hilfe der Hände dem schmalen Grat entlangklettern. Das verwitterte Holz des Kreuzes ist grau wie Asche. Anna streicht mit der Hand darüber. Vom Dorf herauf sind Stimmen zu hören. Sie steigen so klar herauf, dass man verstehen könnte, was gesagt wird. Anna setzt sich hinter dem Kreuz in sicherer Entfernung zur Kante über dem Abgrund auf den felsigen Boden.

Ich mache noch ein Bild.

Ein paar Tage später zeigte ich dieses Bild meinem lieben Freund Miguel. Ich war nach Morella gefahren, um *El País* und *La Vanguardia* zu kaufen, hatte in einem Café erst den alten Próspero, dann Miguel getroffen, der sich erkundigte, ob Anna mit ihrem Urlaub zufrieden gewesen und ob sie gut wieder nach Hause gekommen sei.

Während ich ihm Bericht erstattete, nahm ich meine Kamera hervor, schaltete sie ein und sagte: Und schau, hier waren wir beim Kreuz über dem Dorf. Schön, nicht?

Da sieht man ja nur Ziegeldächer, sagte er.

Ohne es zu erwähnen, erinnerte ich mich dann an das Eichhörnchen. Von einem vergessenen, dort oben längst verwahrlosten, teilweise schon verdorrten Mandelbaum hatte es sich kopfüber heruntergestürzt und war, verfolgt von seinem hellbraunen, buschigen Schweif, mit hopsenden Sprüngen ins Dickicht des nahen Wäldchens geflüchtet. Unter dem Baum verstreut, ließ es einen Kranz von aufgebrochenen Mandelschalen zurück.

Die Morgenfrische, die Sternschnuppen und 28 Paar Socken

Die Hitze hatte sich wie ein Klumpen auf das Dorf gehockt, aber sie konnte mich nicht davon abhalten, im alten Stall die Axt und auch die Säge zu holen, um sie zusammen mit dem blauen Eimer mit in den *huerto* zu nehmen, wo zwar vordringlich die schon wieder trockengebrannte Erde bewässert, auch aber der lästige Zürgelbaum endlich weggeschafft sein wollten.

Mit einer Hand auf der Mauer, mit der Hacke in der anderen Hand, sehe ich mich, nachdem ich den Kanal geöffnet hatte, neben einem Rosenstrauch stehen. Ich lausche dem Gurgeln und Plätschern, und während sich das Wasser, das nicht versickert, durch die Kartoffeln schlängelt, sich durch die angelegten Rinnen in die anderen Beete verteilt und die gebleichte Erde dunkel verfärbt, betrachte ich das am Boden ausgebreitete Geäst des gefällten Baumes und stelle zufrieden fest, dass jetzt kein Schatten mehr auf die Tomaten fällt. Gleichzeitig fällt mir auf, wie der Apfelbaum, von seinem Rivalen befreit, plötzlich runder und wie selbstverständlich in der genauen Mitte des *huerto* steht. Ich bemerke auch, dass er zwar nicht viele, aber doch noch ein paar reifende Äpfel trägt.

Mit der Axt hackte ich dann die Laubzweige von den Ästen des gefällten Zürgelbaumes, zersägte Stamm und Äste zu Brennholz, und schon am nächsten Morgen begann ich mit dem Ausgraben der Wurzel.

Wenn du die Wurzel nicht ausgräbst, schießen dir bis im nächsten Frühjahr gleich ein halbes Dutzend Büsche aus dem Boden, hatte Marcos gesagt.

Aber noch vor dem ersten Spatenstich setzte ich mich auf die aufgeschichteten Steine, zog mein Notizbuch hervor, suchte, da ich in meinen Taschen keinen fand, zwischen den Steinen der Trockenmauer nach einem zurückgelassenen Stift und schrieb: Wäre ja noch schöner, wenn man an einem sich als außerordentlich heiß anbahnenden Tag die Undankbarkeit begehen würde, die herrlich angenehme Morgenfrische nicht angemessen zu würdigen.

Gleich darunter steht: Und während ich dies schreibe, krabbelt mir nicht nur eine Fliege über den rechten Arm, sondern eine zweite über die Nase und eine dritte sogar über die schreibende

Hand. Und eine Hummel surrt in der Blüte einer Kalabasse, und in den Pappeln höre ich neben dem Zwitschern und Zirpen einen spitzen, entschlossenen Vogelruf, den man vielleicht als jenes *Tschilpen* oder *Tschirpen* bezeichnet, von dem ich nicht sicher weiß, wie es klingt.

Während ich dann begann, mit der Hacke rund um den Strunk die armdicken Seitenstränge der Wurzel freizugraben, und die Erde aus dem sich nur sehr langsam vertiefenden Loch schaufelte, hörte ich über das Bachbett hinweg den laufenden Motor eines Lastwagens, auch immer wieder das Quietschen, Grunzen und Kreischen von aus ihren Ställen getriebenen Schweinen. Immer wieder hörte ich das Dröhnen der metallenen Laderampen unter den Klauen der über sie hinwegpolternden Tiere.

150 Schweine würden sie heute verladen, hatte José Antonio nicht ohne Stolz am Abend vorher in der Taverne verkündet, und ich hatte es aus Höflichkeit nicht unterlassen, respektvoll zu nicken: 150 Schweine? Das sind 300 Schinken.

Und 600 Haxen, hatte Ramón gesagt, der dazu wie immer lachte, obschon ihm, wie er uns vorher geklagt hatte, gerade ein Leistenbruch so zu schaffen machte, dass er kaum noch arbeitstauglich sei.

Meine Gedärme drängen sich mir so heftig aus meinem Bauch, ich könnte sie problemlos hier vor euch auf diesen Tisch legen, hatte er kichernd behauptet.

Kurz darauf hatte ich mein Bier ausgetrunken, die Runde bezahlt und mich verabschiedet.

Willst du schon gehen?, hatte José Antonio noch gefragt.

Anstatt zu erklären, dass ich mich in meinem Kopf schon längst wieder bei meiner Orwell-Lektüre und damit bei diesen tapferen Männern in den von Ratten und jeder Menge sonstigem Ungeziefer verseuchten Schützengräben der aragonischen Front befand und ich die knappe Stunde des noch verbleibenden Tageslichtes unbedingt in der Hängematte zum Lesen nutzen wollte, hatte ich gesagt: Ich muss, ich habe noch zu tun.

Kaum hatte ich mich in der Hängematte zurechtgerückt, kaum hatte ich meinen Kopf zum Lesen komfortabel aufgestützt und das Buch bei dem eingelegten Zettel aufgeschlagen, entfuhr mir erstaunlicherweise ein geradezu vergnügtes Glucksen, und noch bevor ich weiterzulesen begann, spürte ich auf meinem Gesicht ein Lächeln. Ich schickte mich an, weiter von einer der dunkelsten Stunden Spaniens zu lesen, gleich würde ich wieder zusammen mit diesen geschundenen Gestalten mitten in der Nacht durch Schlamm und Kot kriechen, würde mit ihnen vor Maschinengewehrsalven Deckung suchen, wo es keine Deckung gab, und doch schien ich vergnügt zu sein.

Und natürlich begannen beim Einbrechen der Dunkelheit die Mücken wie üblich lästig zu werden und zuzustechen, aber meine Aufmerksamkeit verblieb uneingeschränkt bei jenen Soldaten, von denen ich las, wie die Kugeln über sie hinwegpfiffen und sie Tag und Nacht von Läusen geplagt wurden.

Schon bald wurde das Lesen beschwerlich, aber ich legte das Buch erst weg, als die Druckschrift endgültig vor meinen Augen verschwamm und schon der Abendstern zu leuchten begann.

Während der Himmel völlig eindunkelte, um sich innert kürzester Zeit in seiner ganzen Pracht zu offenbaren, blieb ich in der Hängematte unter dem Mandelbaum liegen und ließ mich durch eine leichte Verlagerung meines Gewichts sanft hin und her wiegen.

Auch jetzt tauchten fast im Minutentakt die Positionslichter von Kursmaschinen auf, die alle auf der gleichen Bahn die Milchstraße unterquerten.

Einmal überlegte ich mir, ob ich das Fernglas holen wollte, aber es gab schon mit bloßen Augen mehr zu sehen, als sich schwindelfrei bewältigen ließ. Wie nebenbei hatte ich mindestens vier, wenn nicht fünf oder sogar ein halbes Dutzend Sternschnuppen auf ihrem kühnen Sturz ins schwarze Nichts verfolgt und bei jeder, sobald ich sie aufleuchten sah, genau gewusst, was ich mir zu wünschen hatte.

Jetzt, im *huerto* an der prallen Sonne, lockerte ich aus allen Poren schwitzend mit der Hacke die Erde zwischen den Wurzelsträngen, die verschlungen und verhakt rundum tief und fest in den Boden griffen, und natürlich dachte ich, während ich weitergrub, auch an die Soldaten beim Ausheben der Schützengräben an der Front von Aragón.

Als mich der Rücken zu schmerzen begann und ich an der Mauer eine weiße, gerade aufgehende Rose sah, die mir auf dem Schreibtisch stehend bestimmt beim Weiterkommen mit meinem Schreibvorhaben helfen würde, sammelte ich noch ein halbes Dutzend Tomaten, auch eine Gurke und eine Zucchetti ein, pflückte ein paar Zweige Petersilie, legte einen Salatkopf oben darauf und gerade, als ich mich dem Kanal entlang auf den Weg zurück ins Dorf machte, kam mir auf dem schmalen Pfad eine Frau in einer blauen Hausschürze und einem Strohhut auf dem Kopf entgegen. Lange bevor wir uns kreuzten und grüßten, erkannte ich sie als die Frau des alten Sastres, aber während sie mich freundlich mit meinen Namen ansprach, konnte ich mich bei aller Anstrengung an den ihren nicht erinnern.

Auch beim Weitergehen wollte mir nicht einfallen, wie sie hieß, obschon ich in meinem Kopf alle mir im Dorf bekannten Frauennamen durchging. Ich war noch immer am Grübeln, als meine Nachbarin Pilar meinen Namen rief und mir zuwinkte. Sie trug ihren Hut mit dem ausgewaschenen Blumenmuster, ging an einem Stock und hatte eine schwere Tasche am andern Arm. Während sie auf mich zukam, fiel mir wieder auf, wie breit gewachsen sie war, ohne im üblichen Sinn übergewichtig zu sein. Sie schaute gleich interessiert auf meinen gefüllten Eimer, tat, als würde sie die Rose nicht bemerken, und sagte: Sie sage es immer wieder. *El que siembra, recoge.* Wer sät, der erntet.

Dann stellte sie ihre Tasche auf den Boden und sagte, indem sie sie oben auseinanderspannte: *¡Mira!* Schau! Ich komme auch nicht mit leeren Händen zurück. Nun ist alles wieder wie verrückt am Wachsen und Gedeihen.

So ist es. Sogar die Bohnen kommen wieder, sagte ich.

Bohnen? Bohnen!, sagte sie und verzog ihr Gesicht, stellte sich vor mich hin und zupfte unten an meinem Hemd: Also an den Bohnen hätten sie leider gar keine Freude. Es reiche nicht mal für den

Sonntagsbraten. Kläglich wenig könne sie ablesen. Kläglich wenig. Eigentlich fast nichts.

Aber auch die Gurken kommen wieder, sagte ich, als müsste ich meine Nachbarin trösten.

Ja, die Gurken, ja, die Gurken hätten sich gut vom Hagel erholt.

Deshalb sei jetzt auch Gurkenessen angesagt. *¡A comer pepinos!* Gurken und alles andere auch müsse ich jetzt aufessen, bevor ich wieder in mein Land zurückkehren würde.

Oder bleibst du noch eine Weile?, wollte sie wissen.

Ich lachte.

Ohne zu erwähnen, dass ich gerade den Besuch meiner Tochter erwartete, sagte ich, wenn Sie mir die Bewilligung gebe, würde ich gerne noch etwas bleiben.

Sie gebe mir alle Bewilligungen, die ich wolle, sagte sie, aber sag mal, fuhr sie plötzlich mit einem Blick über ihre Schulter in einem ernsthaften Ton fort, habe ich dich vor ein paar Tagen nicht zusammen mit deiner Frau dort oben beim Kreuz gesehen?

Sie hätte gleich zu ihrem Mann gesagt, das könnten nur wir sein. Sie selbst habe seit der Prozession, als man das Kreuz aufgestellt und geweiht habe, wer weiß vor wie vielen Jahren, nie mehr auch nur einen Fuß dort hinauf gesetzt. *¿Para que?* Wozu auch?

Dort hinauf gab es eine Prozession?, fragte ich.

Claro, sagte sie. Und zwar eine *como Dios manda,* eine, wie es Gott befiehlt. Mit allem Drum und Dran.

Als ich danach wieder zu verzweifeln begann, weil mir bewusst wurde, wie weit entfernt ich davon war, jenes Gleichgewicht zwischen Gelassenheit und Konzentration zu finden, das ich zu benötigen meinte, um mit meiner Dorfgeschichte dorthin zu kommen, wohin ich wollte, sah ich die weiße Rose aus dem *huerto,* die ich in einer Flasche auf den Schreibtisch gestellt hatte. Ich fühlte mich von ihrer Anmut aber so verhöhnt, dass ich die Feder zuschraubte und nach Morella fuhr, um einzukaufen und mir *El País* und *La Vanguardia* zu besorgen.

In Morella entging mir nicht, dass mich der Buchhändler musterte, als wäre mit mir etwas nicht in Ordnung. Er unterließ es auch, sich nach meinem Wohlbefinden und nach meiner Lektüre zu erkundigen, was er sonst immer sehr freundlich tat. Er fragte mich auch nicht nach Neuigkeiten aus dem Dorf. Als er aber beobachtete, wie ich, bevor ich die bezahlten Zeitungen nahm, deren Titelseiten überflog, die mit Schlagzeilen in sehr großen Lettern und sehr wenig erfreulichen Bildern aufgemacht waren, sagte er: Wir wüssten ja beide, dass man mit guten Nachrichten keine Zeitung machen können würde. Aber nun das! Weil er dazu mit den Schultern auf eine Art zuckte, die keine Antwort erforderte, faltete ich die Zeitungen zusammen, steckte sie in meine Tasche und verabschiedete mich.

Kaum hatte ich in dem der Buchhandlung am nächsten gelegenen Lokal ein Bier bestellt, stand, wie um kurz auszuruhen, Próspero auf seinen Stock gestützt in der Tür.

Er freue sich, mich zu sehen, sagte er, denn bei unserer letzten Begegnung hätte er mir nicht mehr anvertrauen können, wie traurig und verloren ihn der Tod seines Freundes Sebastián mache, von dessen Ableben mir Miguel sicher erzählt habe.

Es sei einfach nichts mehr wie vorher.

Er fühle sich so alleingelassen.

Gestorben werde ja längst links und rechts, aber sein Freund Sebastián. Wie oft hätten sie sich hier in dieser Taverne getroffen, und wie gut sie sich verstanden hätten.

Mit diesen dort, sagte er, während er zu zwei anderen Gästen hinüberschaute, mit diesen treffe er sich manchmal auch, trinke mit ihnen zwei Runden oder drei, aber es sei nie so, wie es mit Sebastian gewesen war.

Sebastián hätte einfach nicht sterben dürfen.

Immer hätten sie alles geteilt, immer hätten sie alles, was sie bestellten, gemeinsam bezahlt, ohne je auch nur die kleinste Diskussion. Miesmuscheln, Sepien, Tintenfisch von der *plancha* oder Tintenfisch nach galizischer Art, Kalmare, Garnelen, Krabben, Langusten hätten sie beide gerne gemocht. Und stell dir vor! In der Küche eingeschlafen! Vergiftet von irgendwelchen Gasen – Sebastián! Entdeckt hätte ihn dessen Schwiegersohn, der auch sofort die Ambulanz habe kommen lassen, aber weil Sebastián noch ansprechbar gewesen sei, habe man seinen Zustand völlig falsch eingeschätzt. Um zu verhindern, dass er auf dem langen Weg an die Küste hinunter stirbt, wäre eine viel intensivere Betreuung notwendig gewesen.

Und am Morgen jenes unheilvollen Tages sei Sebastián noch nach Villafranca gefahren, weil er schon länger befürchtet habe, die Ärzte würden ihm, was seinen wahren Gesundheitszustand betreffe, etwas verheimlichen, und er deshalb verständlicherweise das Bedürfnis hatte, bei einem Naturheiler, den er von früher kannte, dessen Rat einzuholen. Und stell dir vor! Am letzten Tag seines Lebens hat Sebastián dort in Villafranca, wo gerade Markt gewesen sei, noch 28 Paar Socken gekauft.

Wie bitte? 28 Paar Socken?

Ist doch klar, hatte Próspero gesagt. Für sich, für die Söhne und für die Enkelkinder.

Die göttliche Schönheit, ein falscher Tausendfüßler und der vergessene Schatz

Nachdem sich mir am Abend vorher in der Hängematte ein Himmel präsentiert hatte, der aussah wie das Bild in einem Werbeprospekt für ein Planetarium, zogen jetzt aufgelöste, kleine Wolken auf, die sich langsam über mich hinweg bewegten wie eine vorübergehende Schafherde. Es fehlte das schwarze Schaf, aber wie bei einer richtigen Herde drängten sich die Wolkenschäfchen in der Mitte dicht aneinander, während an den Rändern Einzelne ausbrachen und abschweiften.

Noch bevor ich wieder zur Schaufel griff, um die Wurzelstränge noch tiefer hinunter in die Erde freizulegen, sah ich über die Grenzmauer des *huerto* hinweg, dass das Licht der Sonne wie durch einen Filter in einzelnen Strahlen die Kronen der Pappeln durchdrang und das Unterholz so glasklar und vieldimensional ausleuchtete, dass ich meinen Augen nicht traute. Dort erstrahlte ein kleines Stück verwahrloster Wald bei einem ausgetrockneten Bachbett plötzlich in göttlicher Schönheit, und ich stand in einem schon hüfttiefen Loch und schwitzte.

Weil ich keine Ahnung hatte, wie ich diesen magischen Moment in meinem Notizbuch hätte erfassen können, staunte ich das Wunder an, trocknete mir den Schweiß von der Stirn und wandte mich wieder meiner Arbeit zu, indem ich mit dem rechten Schuh auf die Oberkante der Schaufel trat, um diese in die steinige Erde zu treiben. Aber der Boden war hart und die Mühe groß. Bald griff ich wieder zur Hacke, hieb damit links und rechts der dickeren Stränge auf das Wurzelgeflecht ein, bis ich weiter schwitzend heftig außer Atem kam.

Aber schon bald habe ich sie, hatte ich eben gedacht, als Joaquín hinter mir auftauchte, grüßte und mir eine ganze Zigarette lang oben auf der Mauer stehend beim Hacken, Kratzen und Schaufeln zuschaute, bis er plötzlich mit einem wenn nicht verächtlichen, dann sicher vorwurfsvollen Unterton fragte, ob ich denn keine Säge hätte?

Weil ich nicht gleich antwortete, sagte er, wenn ich keine hätte, würde er mir eine leihen. Wenn du die dicken Wurzelstränge absägst, hast du doch viel mehr Platz und kannst besser graben.

Stimmt, sagte ich, wenn ich es nicht vergesse, bringe ich morgen eine Säge mit.

Und auch Salz, sagte ich.

Klar, mit einem halben Sack Salz wäre die Sache jetzt schon fast so gut wie erledigt.

Dass mir Marcos schon vor Tagen geraten hatte, den verbleibenden feinen Trieben der Wurzel mit Salz den Garaus zu machen, erwähnte ich nicht. Ich erwähnte auch mit keinem Wort, dass ich zwar schon Schwielen an den Händen hatte, dass ich die Wurzel aber unbeschädigt und genau so sehen wollte, wie sie in der Erde saß. Ich wollte sehen, wie sie sich verankert hatte, damit ein ganzer Baum aus ihr wachsen und gedeihen und sich aufrecht halten konnte. Sehr bewusst hatte ich sie deshalb nur schrittweise freigelegt, und weil ich meinen Rücken nicht strapazieren wollte, war ich zwar nur langsam vorwärtsgekommen, aber das Loch hatte sich auch so stetig vertieft, und der Haufen mit der ausgehobenen Erde war zu stattlicher Größe angewachsen.

Bevor sich Nachbar Joaquín dann eine weitere Zigarette ansteckte und langsam dem Kanal entlang weiterging, sagte er, es sei gut, dass die Steinböcke nicht wieder Schaden angerichtet hätten, und wie er gerade sehe, könne ich auch bald mit dem Ausgraben der Kartoffeln beginnen, er seinerseits habe schon damit begonnen, als der Mond gewechselt habe.

Mit bloßen Händen grub ich dann drei oder vier von meinen Kartoffeln hervor, legte sie zusammen mit ein paar Tomaten und einem Salathaupt in den blauen Eimer und machte mich auf den Weg zurück, aber nicht ohne noch einmal einen Blick auf die Wurzel zu werfen, die sich spinnenförmig, nur an den Rändern aufgestützt über dem dunkeln Erdloch hielt.

Noch hingen lockere Schäfchenwolken am Himmel, die Sonne brannte, wenn auch immer mal wieder ein leichtes Lüftchen ging, und als ich vom Kanalweg auf die Straße zum Dorf einbog, kam gerade ein kleiner Bus über die Brücke, dessen Chauffeur eine Hand zum Gruß vom Steuer nahm und den ich als das Gefährt des regionalen Alten- und Behindertentransportdienstes erkannte. Im Weitergehen konnte ich sehen, dass vor der Bank beim Dorfeingang die betagte Señora Remedios, die sich als Einzige des Dorfs im Rollstuhl bewegte, begleitet von ihrer Enkelin darauf wartete, abgeholt zu werden. Während ich mich näherte, wurde die Señora, die einst einen kleinen, kioskartigen Laden betrieben hatte und die für ihre deftigen Sprüche bekannt gewesen war, auf den Beifahrersitz gehievt und der Rollstuhl vom Fahrer zusammengeklappt hinten in den Wagen geladen.

Buenos días, sagte ich und bemerkte gleich, dass

sich die Señora offensichtlich sonntäglich gekleidet und ihr weißes Haar, das sie sonst auch im Sommer mit einer Wollmütze bedeckt hielt, sorgfältig gekämmt hatte. Ihr skeptischer Blick auf meinen blauen Eimer ließ mich erahnen, dass sie dazu gleich eine spöttische Bemerkung an mich richten würde. Um ihr zuvorzukommen, fragte ich: Nun, machen wir heute einen Ausflug?

Wer? *¿Yo?*

Ja, Sie sind ja so schön angezogen.

Etwas schroff, wie es schon immer ihre Art gewesen war, sagte sie: *Al colegio voy.* Ich gehe wieder zur Schule.

Obschon ich wusste, dass in der Schule von Morella des Öfteren Veranstaltungen für die älteren Semester organisiert wurden, sagte ich spaßhaft: Wozu gehen Sie wieder zur Schule? Sie wissen doch schon alles.

Alles weiß ich nicht, sagte sie, aber wenn ich in der Politik etwas zu befehlen hätte, würde ich schon wissen, wie man diese Regierungskrise bewältigen könnte, von der jetzt immer alle meinen, reden zu müssen.

Da ich die Unvorsichtigkeit beging, nicht gleich meines Wegs zu gehen oder wenigstens ein anderes Thema aufzugreifen, und die Señora nicht zögerte, mir zu erklären, wie die Welt noch zu retten wäre, hatte ich bald guten Grund, mit der geduldigen Enkelin mehrere verständnisvolle Blicke zu tauschen.

Erst als der Fahrer auch eingestiegen war und nach einigem Zögern den Motor wieder einschaltete, gelang es mir, die Señora zu unterbrechen und ihr einen schönen Tag zu wünschen.

Als der kleine Bus losfuhr, schauten wir ihm nach, bis er bei der Brücke um die Kurve Richtung Morella verschwand, lachten dann ein bisschen und die Enkelin sagte: Ihre Großmutter sei immerhin 90 Jahre alt und ohne mit ihrem Schicksal zu hadern meistens guter Dinge. Könne man denn mehr verlangen?, hatte sie mich noch gefragt.

Zurück am Schreibtisch, fragte ich mich meinerseits bald, wie es möglich sei, dass ich eben noch geglaubt hatte, die ganze Welt in der Tasche zu haben, und nun doch schon wieder unfähig war, den roten Faden meiner Arbeit aufzunehmen? Eben hatte ich noch wie ein Erleuchteter ein kleines Stück Wald in seinen herrlichsten Dimensionen wahrnehmen können und jetzt, kaum eine Stunde später, befand ich mich abermals in einer Sackgasse. Ich weiß nicht mehr, wie lange ich über diesem Tatbestand brütete, während ich stumm und unsicher einem Holzwurm zuhörte, dessen stetes Nagen im Dachgebälk klang, als wenn jemand eine Uhr aufziehen würde, und der im Gegensatz zu mir ganz genau wusste, was er zu tun hatte, und dies auch tat.

Es war danach gewesen, als ich am Küchentisch beim Essen saß, dass plötzlich ein Tausendfüßler unter einem Schneidebrett hervorkrabbelte. Es war einer dieser Tausendfüßler, wie ich beim Zurüsten des Salates schon unzähligen begegnet war, die sich mit ihren neugierigen, kleinen Köpfen zwischen den Blättern versteckten. Als ich ihn aber quer über den Tisch Reißaus nehmen sah und ihn in seiner zielgerichteten Geschäftigkeit beneidete, zweifelte ich plötzlich, dass dies tatsächlich ein Tausendfüßler war. Ein Tausendfüßler wäre doch unmöglich so beweglich, dachte ich. Wie denn auch, mit 1000 Füßen? Was hier davonzappelte, war keine Schönheit, aber es war eine eindrückliche kleine Maschine von einem Insekt. Es war keine 10 Millimeter lang, und doch ausgerüstet mit Zangen hinten und vorne, mit einem äußerst flinken, wenn auch nicht aus 1000 Beinen bestehenden Fahrwerk, möglicherweise mit einem versteckten Flugsystem dazu, und gemäß meinem Notizbuch hatte es mich nur wenig Mühe gekostet, herauszufinden, dass es sich in Wirklichkeit um einen gemeinen Ohrwurm, also um einen Ohrengrübler handelte, um einen Schädling zwar, aber angeblich als Vertilger von Blattläusen auch um einen Nützling.

Wie ich in meinen Notizen auch nachlesen kann, hatte ich mich am Abend dieses Tages offensichtlich auf den Balkon gesetzt und in die Nacht hinausgelauscht, um mich mit dem Rauschen der Stille vollzusaugen, bis ich nach den zweimal zwölf Schlägen um Mitternacht zu Bett gegangen war, jedoch nicht ohne vorher festgehalten zu haben, dass mir an diesem Abend José de Blas, der älteste Mann im Dorf, in der Taverne die für einmal völlig zerlesene Zeitung zugesteckt hatte. Und zwar mit einem sehr besorgten, sogar aufgebrachten Gesicht. Er hatte die buschigen Brauen hochgezogen und mit einem Blick auf die abgewetzte, an den Seiten eingerissene Titelseite gesagt: Hier, jetzt bist du an der Reihe. Und nachdem er mir einen schönen Abend gewünscht und sich dem Ausgang zugewandt hatte, war er auf seinen Stock gestützt noch einmal stehengeblieben, hatte sich umgedreht und gesagt: *¡Un desastre!* Eine Katastrophe! Man wisse wirklich nicht mehr, was man glauben solle.

Als ich eine Viertelstunde später selbst die Taverne verlassen hatte, war meine Nachbarin Rosé gerade in ihrem Wagen rückwärts aus unserer gemeinsamen Seitengasse gefahren. Mit einer Zigarette im Mund hatte sie den Kopf nach hinten gedreht, und weil sie wegen des Rauches zeitweise die Augen schloss, hatte es ausgesehen, als würde sie blindlings ausparken. Nachdem sie auf dem Dorfplatz gewendet hatte, war sie an meine Seite gerollt und hatte auf dem Fensterrahmen die Asche von ihrer Zigarette geklopft und gesagt: Heute hätte sie ihre Mutter zur Kapelle begleitet, und deshalb wäre sie auf dem Weg an meinem *huerto* vorbeigekommen.

Das Loch ist ja riesig, das du ausgehoben hast, hatte sie gesagt. Alle Achtung! Dort kannst du schon bald jemanden begraben. *Ya puedes enterrar alguien allí.*

Da ich vergebens nach Worten gesucht hatte, mit welchen ich ihr hätte sagen können, dass mir dieser Gedanke missfalle, hatte sie einen neuen Zug von ihrer Zigarette genommen, eine Rauchwolke ausgestoßen, gegrinst und gesagt: Oder vielleicht findest du ja einen vergessenen Schatz.

Noch bevor ich antworten konnte, dass ich den Schatz schon gefunden hätte, hatte sie sich die Zigarette wieder in den Mund gesteckt, geschaltet, Gas gegeben und war, ohne sich umzusehen, langsam durch die Hauptgasse zum Dorf hinaus davongefahren.

Das Eselsgespann, der kahle Schädel und die Eule

Ohne Salz, aber mit der Säge auf dem Buckel und erfüllt von der freudigen Aussicht, später am Tag unten an der Küste meine Tochter vom Zug abholen zu können, ging ich dem Kanal entlang. Die Vögel zwitscherten, zirpten und riefen aus den Pappeln, zwischen welchen sie geschäftig hin und her eilten, als hätten sie Großes vor, und als ich die Glocke hörte, wusste ich, ohne die Schläge zu zählen, dass es acht Uhr war.

Bei meinem *huerto* angekommen, sah ich einen bräunlichen, auf der Brust weiß getupften Vogel, der aus dem Loch der Wurzel flatterte und im Schnabel einen Wurm oder eine ähnliche Beute erst zu den Kartoffeln, dann über die Tomaten hinweg davontrug, und ich konnte mich noch immer nicht entschließen, das spinnenförmige Wurzelgeflecht mit der Säge zu zerstören. Stattdessen hackte ich darunter ein paar weitere Schaufeln Erde locker, kümmerte mich aber schon bald lieber um die Tomatenstauden, von welchen etliche ausgedünnt und neu hochgebunden sein wollten, und schließlich erlaubte ich mir, wiederum von Hand, tief in der körnigen Erde noch ein paar Kartoffeln zu ertasten, loszukratzen und einzusammeln. Natürlich fiel mir dabei wieder auf, wie selbstverständlich ich im *huerto* genau wusste, was mit oder ohne Hacke als Nächstes zu erledigen war, während ich am Schreibtisch oft tagelang vergebens nach dem roten Faden meiner Arbeit suchte. Mit diesem Gedanken setzte ich mich auf die aufgeschichteten Steine, wo ich offensichtlich als Erstes festgehalten habe, dass ich, beim Herkommen über meinen geliebten schmalen Pfad, unter meinen Füßen wieder dieses angenehme Zittern der Erde wahrgenommen hatte. Dann schrieb ich noch auf, dass ich auf diesem Pfad, über welchen seit Jahrhunderten nicht nur Menschen zu ihren Gärten gegangen, sondern bis vor wenigen Jahren auch unzählige Esel und Maultiere getrottet waren, an den politischen Exkurs gedacht hatte, den am Tag zuvor die mürrische Señora Remedios vorgetragen hatte. Ginge es nach ihr, hatte sie auf dem Beifahrersitz des kleinen Busses nämlich dargelegt, müsste jeder Politiker, der sich einbildete, er sei zum Regieren geboren, ein Paar Maulesel vor einen Pflug spannen, und derjenige, der mit diesem Eselsgespann die geradeste und schönste Furche in den Acker ziehe, der müsste Präsident werden.

Genau so würde sie das machen, hatte sie gesagt. Nichts sei nämlich schwieriger als eben dies, mit einem Eselsgespann eine gerade Furche zu pflügen, und wer dazu fähig sei, der hätte ihr Vertrauen verdient und der hätte auch als Einziger das Zeug zum Befehligen und zum Regieren des ganzen Landes.

Auf dem Weg zurück ins Dorf kam mir, kaum befand ich mich auf der Straße, der Imker Abelardo entgegen. Sein alter Range Rover röchelte wie ein müdes Tier. Er hielt an, grüßte, legte seinen linken Unterarm auf den Fensterrahmen der Tür, musterte mich, als hätte er vergessen, wie ich aussehe, und fragte dann grinsend, ob ich schon wieder etwas hatte ernten können.

Sicher, sagte ich und zeigte ihm die Kartoffeln in meinem blauen Eimer.

Auch wieder Tomaten?, fragte er.

Ja, sicher, auch wieder Tomaten, sagte ich, worauf er seinen Arm vom Rahmen nahm, die Hand ausschüttelte und sagte: Oioioioioi! Dazu lachte er, als ob ich einen Witz gemacht hätte, legte mit beträchtlichem Knirschen den ersten Gang ein, rollte über die Brücke und fuhr, so langsam wie er angekommen war, mit röchelndem Motor weiter.

Gleich darauf bemerkte ich, dass beim Dorfeingang Nachbarin Pilar sehr eindringlich auf den alten Sastre einredete. Wiederum ohne den Tuchkontakt zu meiden, schien sie ihm mit erhobenem Arm und einem ausgestreckten Zeigefinger etwas zu erklären, während sich seine Frau, an deren Namen ich mich schon wieder nicht erinnern konnte, ebenso eindringlich an die Señora Inmaculada, die Frau von Marcos, wandte, die unter dem Ansturm zurückweichen wollte, aber nicht konnte, weil sie vor der Bank stand, auf der Aureliano und der alte Gonzalo auf Eugenio einredeten. *¡Hombre, no!* und *¡Hombre, sí!*, hörte ich sie vorwurfsvoll ausrufen. Sogar das kleine Hundebiest auf den Schenkeln von Aureliano schien sich zwischen den spitzen Zähnen hindurch hechelnd einzumischen. *¡Hombre, no!*, sagte Aureliano schon wieder, und der betagte Eugenio beugte sich über den Spazierstock zwischen seinen Beinen, als wollte er am liebsten nichts mehr hören.

Auch die Señora Angelina stand in einer langen, graublauen Hausschürze und mit einem Henkelkorb am Arm dabei und wusste nicht, wem sie zuhören sollte. Verdutzt und mit offenem Mund starrte sie mich an und sagte dann mit ihrer tiefen Stimme: *¡Mira, así es la vida!* So ist das Leben.

Die Aufregung war so groß, dass ich, als sich alle

plötzlich wiederum gleichzeitig mir zuwandten, erst nach einer Weile verstehen konnte, dass man von einem Todesfall sprach.

Nachbarin Trinidad sei in der Nacht verstorben, einfach so, mitten in der Nacht, eingeschlafen und nicht mehr aufgewacht, so schön und so einfach sei das, und man habe es ja kommen sehen, immer gesagt, und überhaupt, *¡Así es la vida!*, und um 16.45 Uhr komme der Priester für die Totenmesse.

Mehr als einmal hatte ich dann noch Grund zu beteuern, dass mich der Tod der Señora Trinidad sehr berühre, dass ich aber leider nicht an der Totenmesse würde teilnehmen können, was ich sehr bedauern würde, aber meine Tochter habe sich angekündigt und ich müsse an die Küste hinunterfahren, um sie beim Bahnhof von Vinaròs abzuholen.

Die Frauen ließen sich dann von der aufkommenden Hitze nicht davon abhalten, gemeinsam zur Kapelle zu pilgern, wo sie sich, wie ich mir vorstellen konnte, der Reihe nach hinknien und sich mit einem Gebet für die Señora Trinidad auf den murmelnden Lippen vor der Jungfrau bekreuzigen würden.

Aber noch bevor sie aufgebrochen waren, hatte ich bemerkt, wie sich Montserrat, die Frau von Eugenio, hinter der Bank, auf der er saß, über ihn beugte, ihm mit einer Hand die Schildmütze vom

Kopf nahm und ihm mit der andern Hand den angegrauten, kahlen Schädel streichelte, ihm dann die Mütze wieder aufsetzte, um sich der Gruppe anzuschließen, die sich nun langsam in Bewegung setzte.

Daran, was die zurückbleibenden Herren auf der Bank noch gesagt haben könnten, kann ich mich nicht mehr erinnern, sehr wohl aber an die Panik, die mich kurz darauf überfallen sollte.

Ohne von ihnen mehr zu erkennen als ihre Umrisse in einem sich immer wieder lichtenden, aber auch gleich wieder verdichtenden Nebel, breiteten sich vor mir nämlich plötzlich Einzelheiten jener Geschichte aus, die aufzuschreiben ich mich seit Wochen erfolglos bemühte. Obschon es eigentlich eher um eine Ahnung davon als um fassbare Zusammenhänge ging, suchte ich erst nach einem Stift, tastete dann lange vergebens nach meinem Notizbuch. Es steckte nicht in der Tasche, in der es stecken sollte, und es steckte auch nicht in dem Brustlatz meiner Arbeitshose, und es steckte nicht in der linken Gesäßtasche und, wie zu Recht befürchtet, schon gar nicht in der rechten. Es steckte auch nicht unter dem Kissen auf dem Bett, auf welches ich mich in der Absicht, mich vor der bevorstehenden Fahrt kurz etwas auszuruhen, gelegt hatte. Jäh fuhr ich auf, suchte das Notizbuch am

Boden, suchte es unter dem Teppich, suchte es unter den Büchern auf dem nahen Tisch, und als ich es endlich unter dem Bett liegen sah, aufnahm und mit dem schreibbereiten Stift in der Hand öffnete, waren alle Seiten bis zur allerletzten gänzlich vollgeschrieben. Ich blätterte zurück, blätterte wieder vor, es bestand kein Zweifel, es war keine einzige Seite mehr frei, nirgends auch nur die kleinste, beschreibbare Fläche, und zu meinem Entsetzen musste ich auch noch erkennen, dass dies mein letztes Notizbuch war, dass sich keine weiteren leeren in meinem Besitz befanden, und als ich plötzlich von dieser fürchterlichen Gewissheit erfüllt wurde, dass ich nirgends, wie ich auch suchen würde, ein weiteres Notizbuch finden könnte, entfuhr mir ein Angstschrei, und in Schweiß gebadet wachte ich auf.

Ohne mich vergewissern zu müssen, dass in dem Schrank hinter meinem Schreibtisch sehr wohl noch ein ganzer Stapel Notizbücher vorhanden war, zog ich mich um, suchte den Autoschlüssel und verließ das Haus.

Sowie der Volvo, den ich oben am Dorf beim Friedhof im Schatten einer Scheune geparkt hatte, aufgeschlossen und meine Tasche auf dem Rücksitz verstaut war, hörte ich die Stimmen der Nachbarskinder Juan, Brenda und Carmen.

Komm!, riefen sie. Komm her!

Schau, was wir gefunden haben!

Sie kauerten am Rand eines Steineichenwäldchens hinter der Friedhofmauer und umringten eine kleine, graue Eule, die mit riesigen Augen und einem gefährlichen Schnabel scheinbar ruhig und stolz in ihrer Mitte stand.

Die ist aus einem Nest gefallen, die kann noch nicht fliegen, sagten sie.

Womit sollen wir sie füttern?, fragte Brenda.

Und Wasser holen müssen wir auch, sagte Juan.

Und wir müssen ihr ein Nest bauen, sagte die kleine Carmen.

Da ich an meine Fahrt an die Küste dachte und keinen besseren Rat wusste, empfahl ich den Kindern, die kleine Eule auf einen Ast zu setzen oder sie einfach in Ruhe zu lassen. Vermutlich ist es besser, wenn ihr sie gar nicht anfasst, sagte ich noch, fragte mich aber, während ich zurück zum Volvo ging, ob ich, was das Anfassen betrifft, nicht etwas verwechseln oder durcheinanderbringen würde.

Eine Tasse Tee, das Totenschiff und das Feuer

Die mit Mandeln dicht behangenen Äste über mir bewegten sich hin und her und her und hin, während ich in der Hängematte ebenfalls leicht hin und her schaukelte und an den Rand der Seite »Spätnachmittagslüftchen« schrieb. Dann drehte ich das eben angefangene Buch um, legte es mir auf den Bauch und verfolgte den wellenförmigen Flug eines Vogels. Dieser flog, als würde er sich alle paar Meter absacken lassen, aber nur, um sich mit einem einzigen Flügelschlag gleich wieder aufzufangen. Und dort oben, dieser Baum! Steht da und verneigt sich über dem Dach des Nachbarhauses diskret im Wind, schüttelt seine Äste aus wie Arme und wimpelt mit ihnen, als wäre er mit seiner Krone und seinem Getue der König in Person. Brüstet sich und neigt sich wieder nach links und wieder nach rechts und lässt seine Blätter flattern wie kleine Flügel. Gut möglich, dass mich dann der Schlaf überrollt hätte, wenn nicht meine immer gutgelaunte Tochter aufgetaucht wäre, um zu fragen, ob ich auch eine Tasse wolle, sie sei gerade dabei, Tee zu machen.

Wie? Was ist?, fragte ich überrumpelt. Eine Tasse Tee?

Ja, möchtest du eine Tasse Tee?

Oder eine Tesse Taa?

Oder eine Tisse Tuu?, fragte sie weiter, schien aber zu bemerken, wie verwirrt ich war.

Oder vielleicht eine Tosse Töö?

Sie lachte.

Weißt du nicht mehr, wie du, als ich klein war, so mit mir gesprochen hast?

O Schreck, sagte ich, hoffe doch sehr, damit keinen bleibenden Schaden angerichtet zu haben.

Überhaupt nicht, antwortete sie. Man sollte Worte nie allzu ernst nehmen.

Aber jetzt hole ich den Tee, sagte sie.

Als sie zurückkam, bedankte ich mich.

Zuvorkommend wie immer, sagte ich und fügte hinzu: Falls sie meine, ich würde, ohne zu lesen, einfach nur faul hier in der Hängematte rumliegen, möge sie doch bitte zur Kenntnis nehmen, dass dem keineswegs so sei.

Im Gegenteil, sagte ich. Ich sei sehr beschäftigt, ich würde nämlich sehr intensiv Licht und Wärme speichern. Ich sei sozusagen im Auflademodus, damit, wenn sie mir später im November oder im Dezember, irgendwann in den langen, dunklen Tagen des Winters begegnen werde, ich dennoch guter Laune sein würde, weil ich dann von diesem Vorrat zehren könne.

Das haben wir doch gestern auch gemacht, sagte sie.

Am vorangegangenen Tag waren wir an die Küste gefahren, wo wir nach dem Mittagessen mindestens zwei Stunden lang am Strand gelegen, gelesen, auch Sonne getankt und anschließend, schon auf dem Weg zurück, im Supermarkt dringende Einkäufe erledigt hatten.

Bevor wir am Morgen aufgebrochen waren, hatte ich beim Kaffee am Küchentisch überflüssigerweise gesagt, dass sich meine Vorfreude über den Ausflug ans Meer in Grenzen halten würde, worauf mich meine Tochter angeschaut hatte, als könne sie mich nicht verstehen.

Du musst wissen, sagte ich, ich sehe sie halt schon, diese trägen Passanten, diese grimmig blickenden Frauen am Telefon, in welches sie eigenartigerweise meinen hineinschreien zu müssen, während sie sich durch die Hitze bewegen wie Nilpferde. Überhaupt diese verschandelten, einst schönen Fischerdörfer! Diese Einöde der Opportunisten!, fuhr ich fort. Alles, was dort gebaut wird, sieht, kaum fertig erstellt, schon wieder geflickt aus. Überall dieser vernachlässigte Unterhalt und überall dieser Mangel an Feingefühl für den öffentlichen Raum. Diese fürchterlichen, ewigen Baustellen. So viel Unfertiges, als ob alles schon im Begriff wäre, sich wieder aufzulösen, lange bevor die Schutzzäune und die Absperrungen entfernt worden sind. Und dazu diese Wüste von einem fürchterlichen Einkaufszentrum. Als ich dann noch zu einer boshaften Pauschalverurteilung sämtlicher Anwohner der Küste ausholen wollte, bemerkte ich, wie peinlich berührt meine Tochter vor sich hin schwieg und dann, ohne mich anzuschauen, die leeren Tassen vom Tisch räumte.

Kaum hatten wir aber in Vinaròs den Volvo in dem heruntergekommenen Parkhaus abgestellt, damit ich in der nahegelegenen Papeterie meine zwei Zeitungen und auch noch ein Notizbuch auf Vorrat kaufen konnte, sah ich, wie meine Tochter ihrerseits mit einem doch unverhohlen verächtlichen Ausdruck auf ihrem Gesicht einen Mann und eine Frau beim Aussteigen aus einem regelwidrig auf dem Trottoir geparkten roten Geländewagen beobachtete. Die Frau war ungekämmt, mit fettigen Haarsträhnen vor der Sonnenbrille wand sie sich, sehr nachlässig in bunte Badesachen gehüllt, mit einer Zigarette in der einen und einem Handy in der anderen Hand, träge aus ihrem Sitz. Der Mann hatte eine Glatze, aber ein paar gehätschelte langgezogene Fransen im Nacken und einen struppigen, grauen Bart im Gesicht. Er rauchte eine dicke Zigarre und präsentierte uns unter dem aufgeknöpften Hemd seinen entblößten, schwarz behaarten dicken Bauch. Höchstwahrscheinlich, dachte ich, trägt er auch noch rot-blaue Unterhosen, auf welchen FC Barcelona steht, wenn nicht sogar der Name eines überragenden Spielers.

Weil sich meine Tochter aber bereits kommentarlos einem Schaufenster zugewandt hatte, verzichtete ich auf eine abfällige Bemerkung, um kurz darauf ein riesiges, sagenhaft schön angerostetes Fischerboot zu entdecken, das zu meiner großen Überraschung im Hafen vor Anker lag.

Es schillerte und glänzte so schön abgewrackt und rot-rostig in der Sonne, dass ich überzeugt war, es müsse eben frisch vom Meeresboden geborgen worden sein, und dass es sich vielleicht sogar um ein Totenschiff handeln könnte – um eines jener Schiffe, die vorsätzlich, ohne die geringste Rücksicht auf die Mannschaft, versenkt wurden, um das Versicherungsgeld kassieren zu können. Es war auch so ungewohnt groß für diesen Hafen, dass es bestimmt hochseetauglich war und gewiss nicht im Mittelmeer beheimatet gewesen sein konnte.

Schau, das ist das Totenschiff! Genau so muss man sich das Totenschiff im Roman von Traven vorstellen. Ganz genau so!

Auf der Stelle machte ich mehrere Fotos und war so fasziniert und aufgeregt, dass ich gleich die ersten Passanten ansprechen und fragen wollte, wie dieses Schiff in diesen Hafen komme.

Meine Tochter hielt mich jedoch am Arm zurück: Doch nicht die Leute hier auf der Uferpromenade!, sagte sie ungeduldig.

Dann halt die Guardia Civil, sagte ich, weil gerade ein Streifenwagen vorbeifuhr. Die wissen das! In einem Hafen weiß das jeder.

Nein, Papa, sagte meine Tochter. Das wissen vielleicht die Leute, die im Hafen arbeiten, aber doch nicht die Polizei und schon gar nicht die Badetouristen hier unterwegs zum Strand.

Aber es ist ein derart schönes Schiff.

Komm, beruhige dich, wir gehen etwas essen.

Während ich ihr folgte, machte ich noch ein Foto und bemerkte auch bei der beträchtlichen Distanz, dass das Schiff voller schwarzer Löcher war, weil sämtliche Lukendeckel und sämtliche Bullaugen fehlten, als wäre schon alles weggeschafft worden, was nicht angeschweißt war.

Als wir auf der Terrasse eines uns bekannten Lokals einen Tisch bekommen hatten, bat mich meine Tochter abermals, ich möge mich beruhigen, und als ich *El País* und *La Vanguardia* aus meiner Tasche nahm, sagte sie: Aber wenn du Zeitung liest, kannst du mich dort sitzen lassen. Dazu zeigte sie auf meinen Platz, den sie wegen der direkten Sicht auf den Strand und das Meer mir überlassen hatte.

Sicher, sagte ich und lachte.

Was lachst du?

Ich finde, du machst das gut, sagte ich beim Aufstehen. Ich bin stolz auf meine Tochter, denn sie ist höflich, zuvorkommend, sie weiß aber auch, was sie will, und kann es einfordern, wenn es ihr zusteht.

Weil ich unfähig gewesen wäre, mich wirklich auf die Zeitungen einzulassen, hätte ich mich vermutlich auch gleich dem schönen Meer zugewandt, aber von dem anderen Stuhl aus konnte ich nun durch die Palmen der Uferpromenade hindurch in den Hafen und auch wieder das Totenschiff sehen.

In der Hoffnung, dass es mir helfen würde, später alles genau festzuhalten, machte ich noch ein Bild, denn das Vergnügen, welches mir der Ausblick auf den Hafen und auf das Totenschiff bereitete, musste unbedingt so bald wie möglich nachvollziehbar in Worte gefasst werden. Vielleicht würde sich mir schon nach dem Essen am Strand, wo wir schwimmen gehen wollten, die Gelegenheit dazu bieten. Auch das Licht wollte ich dann zu beschreiben versuchen, dieses weiche und doch klare Licht, wie es von den hier vor Anker liegenden weißen Booten und Yachten reflektiert wurde, und auch die Tatsache, dass das Meer bis in den Hafen hinein nicht nur sauber wirkte, sondern fast unnatürlich blau leuchtete, durfte ich dann auf keinen Fall unerwähnt lassen. Und dass sich die Masten der Schiffe, auch wenn diese ruhig im Wasser lagen, eben doch immer sanft bewegten. Auch dass Fischkutter und Boote und Yachten und ganz besonders Totenschiffe sowieso immer schön anzusehen seien, weil sie für Aufbruch, für Ferne, für Abenteuer stehen, wollte ich unbedingt so bald wie möglich ebenso überzeugend wie glaubhaft in meinem Notizbuch festhalten.

Jetzt, beim Tee im Garten hinter dem Haus, fragte meine Tochter: Und was ist eigentlich mit den Steaks, die wir gestern an der Küste gekauft haben? Wollten wir heute nicht grillen?

Ach ja, die Steaks, sagte ich, und weil ich mich in den Supermarkt an der Küste zurückversetzt fühlte, wurde ich, ohne dass ich etwas dagegen hätte tun können, am ganzen Körper von einem Schaudern erfasst, das heftig wie ein Schüttelfrost über mich kam und mich zwang, mich zu entschuldigen.

Schon gut, sagte meine Tochter verwundert mit hochgezogenen Augenbrauen und bot dann an, für die zum Grillen benötigte Glut Feuer zu machen.

Bist du sicher?, fragte ich.

Ja, sie müsse das jetzt lernen, sagte sie.

Dann kümmere ich mich um den Rest.

Während sie in einem Korb Kleinholz holte, knickte ich einen Zweig Rosmarin von einem Strauch, auch ein paar Lorbeerblätter und etwas Thymian, schaute mich nach Petersilie um, ging dann in die Küche, nahm die Steaks aus dem Kühlschrank, marinierte sie mit Öl und den Kräutern, und als ich mich anschickte, mit dem, was der blaue Eimer noch hergab, einen üppigen Salat vorzubereiten, wie ihn meine Tochter gerne mochte, befand ich mich plötzlich abermals auf der stark befahrenen Hauptstraße an der Küste. Plötzlich musste ich abermals an der mörderisch gefährlichen Kreuzung links in das mir verhasste Einkaufszentrum abbiegen. Höchste Vorsicht war geboten, denn nicht nur war die Zufahrt ohne Ampel schwierig, es herrschte auch das übliche Hetzen und Drängeln, und natürlich war der riesige Parkplatz fast restlos besetzt. Äußerst eng bemessen war das nach langem Suchen endlich gefundene, einzige freie Feld, und schon auf dem langen Weg über den staubigen, heißen Asphalt war ich gezwungen, die Einkaufsmenschen wahrzunehmen, musste mich als einen von ihnen erkennen, musste sie mir vorstellen, wie sie gleich träge und gelangweilt die Gänge abschreiten würden, ganz langsam, so unfassbar langsam und träge. Ich musste sie sehen, wie sie vor 20 Meter langen Regalen von ihrer Freiheit Gebrauch machten, aus 100 verschiedenen Marken ihre ganz besonders bevorzugte H-Milch auszusuchen, und noch vor der Absperrung, bevor wir die gigantische Verkaufsfläche überhaupt betreten hatten, überkam mich Panik und ich wollte umkehren. Mein Gott!, sagte ich, brauchen wir überhaupt etwas?

Ja, sicher, sagte meine Tochter ruhig. Milch und Brot und wolltest du nicht etwas für auf den Grill?

Anstatt ihre Frage zu beantworten, fügte ich mich in mein Schicksal und murmelte: Jeder selber schuld, der freiwillig hierherkommt.

Ach bitte, Papa, sagte sie darauf, machen wir das Beste draus!

Aber als der Salat nur noch mit Essig und Öl angemacht werden musste und ich wieder zurück in den Garten kam, kniete meine Tochter pustend vor einem kleinen Stapel aufeinandergeschichteter Äste, und aus einer vor ihr am Boden zusammengeknüllten Zeitung stieg gerade ein letzter kleiner Fetzen Rauch.

Mit rotem Kopf richtete sie sich auf und sagte: Schon keine Streichhölzer mehr! Und leicht verzweifelt: Ich kann einfach nicht Feuer machen.

Aber du, sagte ich, du kannst wenigstens vernünftig einkaufen, ohne in Supermärkten von klaustrophobischen Anfällen eingeholt zu werden.

Aber ich möchte Feuer machen können!

Das ist doch ganz einfach, sagte ich. Komm, ich helfe dir. Als Erstes nehmen wir nur wenig Zeitungspapier, schauen, ob es auch wirklich trocken ist, und legen zum Anfangen möglichst dünne, richtig dürre, also leicht entzündbare Zweige darüber. Locker, möglichst aufrecht, damit sie sich in ihrer ganzen Länge erhitzen und schnell Feuer fangen können. Und weil sie einen solchen darauflegte, sagte ich: Ja, auch ein vertrockneter Grashalm geht. Sehr gut geeignet sind diese Steineichenäste mit den dürren Blättern. Die brennen wie Zunder, sagte ich. Dann nehmen wir ein paar schon etwas dickere Äste und stellen sie so dazu, dass die Flamme beim Anzünden möglichst viel von ihnen erfasst, denn diese wird ja hochzüngeln, sagte ich, und meine Tochter stellte weitere Stöckchen dazu. Sobald diese Feuer fangen, erhitzen sie auch dickere Äste und bringen alles zum Brennen. Siehst du? Man braucht bloß ein bisschen Geduld, das Ding richtig aufzubauen, dann ist das ein Kinderspiel.

Jetzt kannst du das Papier anzünden, gleich da hinter der Tür müssen noch Streichhölzer sein.

Als die dünnen Ästchen über der Zeitung Feuer fingen und der ganze kleine Stapel in Flammen aufloderte, sagte sie: Ja, eigentlich ist es schon ganz einfach.

Ja, eigentlich ganz einfach, so ein Feuer, sagte ich und ging zurück ins Haus, um in der Küche schon mal Brot und Wein zu holen.

Der Eintopf, ein Regenwurm und das Prachtexemplar

Nachdem ich am Abend vorher lange wach gelegen hatte, weil es mir vor dem Einschlafen nicht hatte gelingen wollen, den vergangenen Tag lückenlos zu rekonstruieren, schrieb ich im *huerto* auf den aufgeschichteten Steinen sitzend in mein Notizbuch, dass ich mich heute bemühen wollte, wirklich wach zu sein, um mir später für die einzelnen Stunden des Tages Rechenschaft ablegen zu können.

Während ich auch festhielt, dass bei meiner Ankunft im *huerto* der heftige Aufschlag eines Steins unüberhörbar gewesen war und ich deshalb lange über die obere Stützmauer hinweg zu den dahinter aufsteigenden, teilweise erodierten Terrassen hinaufgeschaut hatte, wo ich aber keinen Steinbock hatte ausmachen können. Gemäß meinen Notizen umschwirrte mich dann eine Biene, als wäre ich eine Blume. Diese Biene wollte hinter mir offenbar auch noch unbedingt zwischen meinem Nacken und der Trockensteinmauer hindurchfliegen. Gleichzeitig erlag ich dem Eindruck, dass mich eine Rose vorwurfsvoll anstarrte.

Die anderen Rosen leuchteten rot und weiß um die Wette und die Sonnenblumen ließen zwar ihre schweren, gekrönten Häupter hängen, präsentierten aber an ihren Stämmen reihenweise ebenfalls strahlende Blüten, die Bohnen kletterten die Stangen hoch, als machten sie ein Wettrennen, während die Gurken jetzt prall wie fette Rauchwürste an den Schnüren hingen. Der Salat sprießte und grünte so zart und saftig, dass ich gleich dort Lust bekam, reinzubeißen. Die würzig wohlriechenden Tomaten reiften weiter im Überfluss, die Zucchetti sowieso, nur von den Auberginen, den Schönheitsköniginnen aller Früchte, war nicht mehr viel zu erwarten, es war längst klar, dass die noch verbleibenden nicht mehr zu voller Größe gedeihen würden.

Ernten wollte ich aber vor allem Kartoffeln.

Machst du noch mal dieses Gemüse?, hatte mich beim Morgenkaffee meine Tochter nämlich gefragt.

Welches Gemüse?

Du weißt schon. Diesen Eintopf mit den Kartoffeln und den Bohnen.

So, so, hatte ich geantwortet, ohne zu verraten, wie geschmeichelt ich mich fühlte.

Vorerst galt es jedoch, weiter zu hacken.

Die große Wurzel des Zürgelbaumes war raus, und ich war wieder bestrebt, im hinteren Teil des *huerto* zum Bachbett hin mehr Boden urbar zu machen, und zwar nicht etwa, um im nächsten Jahr noch mehr Kartoffeln anpflanzen zu können, aber um dem von kniehohem Unkraut belagerten Hagebuttenstrauch mehr Raum zu schaffen, und auch, um das dahinter in dichtem Brombeergestrüpp versteckte Apfelbäumchen zu befreien.

Wieder hob ich die Hacke hoch über meine Schultern und ließ sie mit Schwung in die harte Scholle sausen, lauschte dem mir mittlerweile liebgewordenen Mischgeräusch aus Schlagen und Krachen und Knirschen und Schleifen und Splittern des in die Erde fahrenden Eisens.

Die Grasnarbe war auch hier ein festverwobener Teppich aus Stauden und Wurzeln, den es, war er einmal aufgebrochen, mit dem zweizackigen Teil der Hacke von der Erde zu trennen galt. Ich harkte gerade ein ordentliches, verschlungenes Bündel Kraut und Wurzeln zur Seite, als ich meinte, eine kleine Schlange zu sehen. Mit dem zweiten Blick erkannte ich unter einer tarnenden, erdigen Schicht helle, leicht rötliche Haut. Es war ein fingerdicker, sich zurück in die Erde schlingender Regenwurm.

Kurz danach, als ich wegen eines heftig kreischenden Schweins beim Hacken innehielt, sah ich durch die Pappeln hindurch und über das Bachbett hinweg bei der *granja,* bei der Schweinemästerei, José Antonio, ihren Besitzer. Er ging, gefolgt von seinem Helfer, den Stallungen entlang. Er ging mit seinen trottigen Schritten voraus, mit einer Zigarre im Mund, die Hände auf dem Rücken verschränkt, während in seinem Schlepptau der Helfer viel kürzere, sogar hastige Schritte machte und ihm mit nach hinten gestreckten, rudernden Armen folgte wie eine Ente der andern.

Nachdem ich dann zwei Hosentaschen voll Bohnen abgelesen und auf die Mauer gelegt hatte, fuhr ich mit der Hacke so schwungvoll unter der angehäufelten Erde in die Kartoffeln, dass mir die gelb leuchtenden Knollen schon beim zweiten Hieb wie Goldkugeln vor die Füße kullerten. Dabei konnte ich mich zwar eines Gefühls des freudigen Stolzes nicht erwehren, erinnerte mich aber gleichzeitig wieder der Soldaten an der Front von Aragón, genaugenommen daran, wie diese im Niemandsland zwischen ihren Schützengräben einen Kartoffelacker entdeckt hatten, den sie von beiden Seiten plünderten – die Faschisten nachts, die Republikaner im Schutz eines Maschinengewehrs bei Tag –, indem sie die Kartoffeln auf dem Bauch liegend aus der Erde buddelten.

Ich dagegen brauchte mich nur zu bücken, hatte auch schon nach kurzem Graben meinen Eimer halb gefüllt. Unter den wohlgeratenen Kartoffeln, die ich auflesen konnte, befand sich auch ein ganz besonders herrliches Exemplar. Ich wog es mehrmals mit den Händen, bevor ich es in den Eimer warf.

Nachdem ich auch die Bohnen oben draufgelegt und die Hacke wieder an den Apfelbaum gehängt hatte, machte ich mich auf den Weg dem Kanal entlang zurück ins Dorf.

Als ich zur Straße kam, konnte mir nicht entgehen, wie sich Gonzalo in seinem *huerto* nahe der Brücke ebenfalls über seine Kartoffeln beugte. Sorgsam aus der Erde geholt, hatte er seine Ernte zum Aufheben bereit in langen Reihen locker angehäuft.

Wie er meinen Gruß hörte, richtete er sich auf, ließ seine Hacke im Boden stecken, strich sich unter seinem Hut einmal über den Kopf, kam mir dann entgegen und fragte, ob die Steinböcke bei mir auch schon länger weggeblieben seien.

Sobald der Mond wechsle, würde er nämlich gerne Wintersalat säen, und mir wurde sofort wieder bewusst, dass ich einmal mehr vergessen hatte, in welcher Phase wir uns befanden.

Bis dann habe er die Kartoffeln längst im Trockenen, fuhr er fort. Möglicherweise hatte er noch hinzugefügt, bei abnehmendem Mond würden die Kräfte der Pflanzen wieder nachlassen, was zur Folge habe, wie ich sicher auch schon selbst rausgefunden hätte, dass sich die Wurzeln dadurch besser festigen könnten.

Sicher ist, dass ich danach Joaquín antraf.

Er stand mit Marcos vor seinem Haus unter der offenen Tür der Tenne, und anstatt zu grüßen, sagte er: *¡Las patatas!* Die Kartoffeln!

Zum Trocknen hatte er seine ganze Ernte auf dem Boden ausgebreitet.

Hier lasse ich sie jetzt vielleicht zwei Wochen liegen.

Oder einen Monat, sagte Marcos.

Ja, kommt auf den Mond an, sagte Joaquín.

Dann streue ich das Pulver darüber. Damit sie nicht keimen, wandte er sich an mich.

Dann lagere ich sie ein. In Harassen.

Dazu schaute er auf die Kartoffeln hinunter, wie man auf eben geschlüpfte Küken oder sonst auf etwas sehr Lebendiges schaut.

Auf alle Fälle eine schöne Ernte, sagte ich. Verhungern wirst du im kommenden Winter sicher nicht.

Ha!, sagte er, wenn sie nur für mich alleine wären. Aber da ist meine Schwester, meine Mutter, meine Tante hier, meine andere Tante in Vinaròs, meine Cousine. Das wird geteilt. Alles wird geteilt.

Nur die Arbeit, die sie dich gekostet haben, die wurde nicht geteilt, sagte Marcos.

So ist es, bei der Arbeit hat man keine Verwandten.

Und als ich sagte, alles könne man ja nicht teilen, nickten sie und sagten fast gleichzeitig, genau so sei es.

Nachdem sie mir noch erklärt hatten, dass ich nächstes Jahr nicht etwa die geernteten Kartoffeln zur Aussaat verwenden dürfe, fragte Joaquín plötzlich: Aber, erntest du denn überhaupt schon Kartoffeln?

Ohne zu antworten, griff ich in meinem blauen Eimer nach dem Prachtexemplar, das ich vorher ausgegraben hatte, und zeigte es ihm.

Das reicht ja schon mal für ein ganz ordentliches Omelett. *Esta te valdrá para una tortilla*, sagte Joaquín und Marcos klaubte grinsend eine Zigarette aus der Packung.

Der Tintenfisch, das Eulengrab und die Sternstunden der Menschheit

Ich hatte eben noch einmal Kaffee gemacht und betrachtete mit der Tasse in der Hand die Rose, die ziemlich verwelkt in einer Flasche vor mir stand. Dann schrieb ich oben auf ein neues Blatt schon zum zweiten Mal: Einfach schön am Boden bleiben.

Noch immer war es mittags so warm, dass ich sogar ohne Hemd hätte am Schreibtisch sitzen können, wäre da nicht dieser Ansturm lästiger Fliegen gewesen.

Es waren kleine, schwarze Plagegeister, die sich mir auf die schreibende Hand und auf den Unterarm setzten, die mir um die Nase und um den Nacken schwirrten. Sie krabbelten mir frech über den Mund, gleichzeitig über die Schläfen, über den Ellbogen, sogar die Feder rauf und runter, und zu allem Überfluss meinten sie auch noch, surren zu müssen.

In riesigen Schwärmen kamen sie angeblich wegen des bevorstehenden Wetterwechsels vor einer Regenfront daher.

¡Tantas moscas! So viele Fliegen!, hatte sich der Fischmann beklagt, während er ungeduldiger als gewöhnlich auf dem weißen Brett hinten auf der Ladefläche seines Lieferwagens einen Schwertfisch zersäbelte, von welchem er sie vergeblich fernzuhalten versuchte.

Die ganze Auslage war so widerlich voll von diesen Fliegen gewesen, dass ich am liebsten nur schön verschlossene Miesmuscheln gekauft hätte. Es war aber der letzte Tag vor der Abreise meiner Tochter und sie hatte sich Tintenfisch gewünscht. Natürlich am liebsten mit knusprigen Kartoffeln aus dem Ofen, hatte sie noch gesagt.

Nachdem ich auf eines der braunbläulich glänzenden Bündel von Fangarmen gezeigt hatte, für welches sich die Fliegen etwas weniger zu interessieren schienen als für den Rest des Angebots, fragte der Fischmann, ob ich sonst noch etwas brauche, und weil ich hinter den am Boden ausgebreiteten Kisten mit Obst und Gemüse noch Setzlinge ausgemacht hatte, sagte er, das sei Wintersalat. Könne er sehr empfehlen, fuhr er fort. Dort, wo man diesen Wintersalat pflanze, dort wachse nur ganz wenig Unkraut.

Als er dann noch gefragt hatte, wie lange ich

überhaupt noch im Dorf bleiben würde, hätte meine Antwort ausweichender nicht sein können.

Früh an diesem Morgen war mir auf dem Weg zum *huerto* beim Verlassen des Dorfes erst aufgefallen, wie sich die Sonne, anstatt über dem Felsen hinter der Kapelle aufzugehen, mittlerweile seitlich links von diesem hervorschob, und dann hatte ich, bevor ich von der Straße in den Kanalweg abgebogen war, auf dem Asphalt frische Steinbockkötel bemerkt. Natürlich war ich dann erleichtert, den *huerto* so vorzufinden, wie ich ihn am Tag vorher verlassen hatte. Zuversichtlich griff ich zu der am Apfelbaum hängenden Hacke und schickte mich an, einen weiteren Eimer Kartoffeln aus der Erde zu graben, ohne mich von den Fliegen abhalten zu lassen, die mir wie blöd um die Ohren surrten und sogar versuchten, sich mir auf die Nase zu setzen.

Mit dem ersten Hieb scheuchte ich eine Amsel auf und bemerkte, als ich ihren Flug verfolgte, erst ein halbes Dutzend Geier über dem *Castillo* und dann weiter oben am Himmel auch die sich kreuzenden Kondensstreifen von mindestens vier Kursmaschinen, was mich veranlasste, mein Notizbuch hervorzuholen, um festzuhalten, dass ich am Abend vorher in Morella gesehen hatte, wie eine Frau nach dem ersten Zug an ihrer Zigarette den

Rauch so heftig zu ihrer Nase hinausfahren ließ, dass sich zwei kleine Kegel bildeten, die ausgesehen hatten wie die Rauchwolken hinter den Triebwerken eines zweimotorigen Jets beim Start.

Meine Tochter und ich waren mit Freund Miguel zum Essen verabredet gewesen, und weil ich nun den Stift schon zur Hand hatte, hielt ich auch fest, dass wir auf der Fahrt durch die Nacht zurück in unser Dorf ein wildes Kaninchen aufgeschreckt hatten und dass, als die Scheinwerfer des Volvos beim Parken weiß und grell über das kleine Wäldchen neben der Friedhofmauer strichen, sich meine Tochter auf dem Beifahrersitz ruckartig aufgerichtet und gefragt hatte: Hast du das gesehen?

Was?

Dort am Boden!

Wo?

Dort! Siehst du es nicht? Ein Grab!

An einer Stelle zwischen den Bäumen war der Boden gesäubert worden, und in einem kleinen Erdhaufen mitten in einem Kreis aus Kieselsteinen steckte das Plastikkreuz mit der bunten Jesusfigur, das die Nachbarskinder beim Müll gefunden und mir hatten schenken wollen.

Ich füllte dann den blauen Eimer mit Kartoffeln, rupfte noch eine pfundschwere Zwiebel aus einem Beet, hackte weiter um das eingewachsene Apfelbäumchen die Erde locker, bis ich den Fischhändler hörte, wie er hupend ins Dorf hinaufkurvte.

Später, während ich den Tintenfisch wusch und in einem Topf mit Wasser auf den Herd stellte, außer Salz auch reichlich Lorbeer, Rosmarin und Thymian dazugab, schälte meine Tochter am Küchentisch die Kartoffeln. Weil ich dort mein Buch abgelegt hatte, fragte sie plötzlich: Was ist das eigentlich, was du da liest?

Das ist ein Buch über die *maquis,* sagte ich.

Die *maquis*?

Ja, das waren Widerstandskämpfer, die sich nach dem Bürgerkrieg hier in der Gegend versteckt hielten. Guerillakrieger eigentlich, sagte ich, während meine Tochter die klickende Klinge des Sparschälers in ihrer Hand so flink und rhythmisch über die Kartoffeln führte, dass ich Musik zu hören glaubte.

Waren da auch Leute aus dem Dorf dabei?, fragte sie dann.

Nicht, dass ich davon wüsste, sagte ich. Aber Sympathisanten gab es.

Ach ja? Wer denn?

Die, die nichts hatten, sagte ich.

Ich dachte, hier seien alle sehr arm gewesen.

Eigentlich schon, sagte ich, und gerade als ich weiter ausholen wollte, hörte ich, dass jemand meinen Namen rief. Es war Nachbarin Pilar, die mit einem Henkelkorb am Arm vor dem Haus stand und wollte, dass ich herunterkomme.

Ich wusch mir die Hände, reduzierte am Herd das Gas und sagte zu meiner Tochter: Ich bin gleich zurück.

Nachdem Nachbarin Pilar ohne zu grüßen heftig über den Ansturm der Fliegen geschimpft hatte, von welchen ihr auch etliche um den Kopf surrten, sagte sie, sie komme wegen der Lotterie. Ich wisse ja, das große Los. Wie jedes Jahr. Garantieren könne sie zwar nichts, aber immerhin handle es sich um ein Sammellos, bei dem sich das ganze Dorf beteilige, und schließlich hätten wir, wie ich ja wisse, schon einmal einen ganz ordentlichen Gewinn kassiert, den man dann allerdings, das gebe sie ja zu, habe teilen müssen. Nein, garantieren könne sie wirklich nichts, aber ebenso wenig könne sie das Glück ausschließen, und eigentlich komme ja alles der Heiligen Jungfrau zugute, die brauche nämlich dringend ein neues Kleid, denn im nächsten Jahr gebe es das große Fest zu feiern, anlässlich welchem die Jungfrau bekanntlich mit einer wunderbaren Prozession von der Kapelle ins Dorf geholt werde.

Alles kein Problem, sagte ich in einem Versuch, meine Nachbarin zu unterbrechen.

Weil ich an den Tintenfisch auf dem Herd dachte, hatte ich auch schon meinen Geldbeutel zur Hand.

Nachbarin Pilar, die inzwischen durch den Kettenvorhang tretend, im Eingang des Hauses Schatten gesucht und, wie mir schien, am Hemd über meinem Bauch einen Flecken entdeckt hatte, den sie mit großem Interesse musterte, wollte aber wissen, ob ich noch Bohnen ernten würde. Ich wisse ja, sie hätten mit den Bohnen in diesem Jahr nichts als Ärger gehabt, aber jetzt, genau genommen heute früh, sagte sie, habe sie die guten Samen wiedergefunden und ich könne damit rechnen, dass sie mir davon auch mindestens eine Handvoll geben werde.

Ich müsse nämlich wissen, fuhr sie fort, dass sie diese Samen im Frühjahr vergeblich gesucht habe, auch Arminio, ihr Mann, habe diese Samen überall gesucht. Arminio habe sie dann sogar schon verdächtigt, dass sie diese Samen auf den Müll gegeben hätte. Aber wie käme sie dazu? Das seien ja eigene, hervorragende Bohnen gewesen. So gute Samen! Die gebe sie doch nicht auf den Müll. *¡Por Dios, no!* Um Gottes willen! Nun habe sie sie gefunden, in einem Glas unter den Hemden, die sie zur Seite gelegt habe, weil sie aus alten Hemden lange, dünne Streifen mache, die sie zum Hochbinden der Tomaten benütze.

Während sie mir mit zwei Fingern die Länge der Streifen zeigte, die sie aus den alten Hemden schneidet, sagte ich, sie möchte mich doch bitte entschuldigen, ich sei am Kochen und müsse wieder hinauf in die Küche, weil ich einen Tintenfisch gekauft und den jetzt auf dem Feuer hätte.

Sie zog ihre Augenbrauen hoch, neigte ihren Kopf zur Seite und sagte: *¡Pulpo!* Aha! Es gibt Tintenfisch. Ich könne mir ja unmöglich vorstellen, wie gerne man bei ihnen Tintenfisch esse. Ihr Sohn und ihr Mann liebten Tintenfisch über alles, sagte sie. Und indem sie einen Schritt näher trat und ich wieder die Berührung ihrer Hausschürze spürte, fragte sie: *¿Como lo haces?* Wie ich ihn denn zubereiten würde?

Ich versuchte zwar, mich kurz zu fassen, aber sie wollte unbedingt noch wissen, ob ich den Tintenfisch auch weichklopfen würde, ob ich auch nicht vergessen hätte, einen Sud mit Zwiebeln und Knoblauch vorzubereiten, wie lange ich den Tintenfisch denn auf dem Feuer schmoren lasse, ob ich scharfen Paprika im Haus hätte und wie ich es mit dem Salz halten würde?

Später am Abend wandte ich mich auf dem Balkon der Nacht mit ihren Sternen am Himmel zu. Die Fliegenplage hatte nachgelassen, der Kirchturm überragte die Ziegeldächer der schlafenden Häuser, wie es sich gehört. Die Welt war wieder weich und herrlich still, und weil ich neben einem Glas Wein auch mein Buch dabeihatte, erinnerte ich mich an das Gespräch über die *maquis* mit meiner Tochter am Küchentisch, das sich auch während des Essens fortgesetzt hatte.

Natürlich hatte ich dann meine Tochter noch gefragt: Und du, was liest du?

Ach, nichts Besonderes, hatte sie geantwortet.

Was heißt nichts Besonderes?

Einfach etwas, das ich mal für die Schule hätte lesen sollen.

Aber nicht lesen wolltest?

Nein, es einfach zeitlich nicht schaffte.

Was war es denn?

Die Sternstunden der Menschheit, hatte sie gesagt.

Die Hoffnung, der Spatz und das Knacken der Mandeln

Ich kniete auf der Bettvorlage und suchte vergebens nach einem Zettel, auf welchem ich meinte, Wesentliches festgehalten zu haben, den ich aber seit zwei Tagen einfach nicht mehr finden konnte. Stattdessen kam mir unter dem Bett eine verstaubte Einkaufsliste in die Hände. Mit Kugelschreiber geschrieben stand unter »Morella besorgen«: BROT MILCH KÄSE SCHNUR PFEFFER HONIG EL PAÍS LA VANGUARDIA. Und auf der Rückseite las ich: »Dass der Mond als elegante Sichel am Himmel stand« und gleich darunter die Bleistiftnotiz: »Glühwürmchen nicht vergessen!/Transzendenz!«

Zurück am Schreibtisch, wo ich die verwelkte Rose inzwischen weggestellt hatte, suchte ich nach einem Klebestift, aber noch bevor ich die Einkaufsliste in mein Notizbuch klebte, übertrug ich die Sätze von deren Rückseite, um dann festzuhalten, dass ich am Tag zuvor meine Tochter zum Bahnhof nach Vinaròs gebracht hatte und dass, noch auf der

Rückfahrt am späten Nachmittag, von ein paar wenigen Donnerschlägen begleitet, die angekündigte Wetterfront vorbeigezogen war.

Natürlich erinnerte ich mich auch daran, dass mir, bevor es nur kurz, aber heftig geregnet hatte, am Steuer des Volvos ein Vogel aufgefallen war, der dem Gewitter mit tollkühnen Flügelschlägen zu entkommen versuchte, und dass später, schon am frühen Abend, als ich gegen die *Tossa* hinauf einen kleinen Spaziergang gemacht hatte, die Fliegenschwärme verschwunden gewesen waren und dass sich auch eine merkliche Abkühlung eingestellt hatte.

Es war auch auf diesem Spaziergang gewesen, dass ich mich bei einem längst zerfallenen Wegkreuz hinter dem Friedhof plötzlich einem armlang behornten Steinbock gegenübergesehen hatte, der seine weißlichen Nüstern blähte und mich mit dunklen und, wie mir schien, eigenartig neugierigen Augen musterte.

Festgehalten hatte ich anschließend auch, dass es am Schreibtisch sogar ohne den vermissten Zettel offensichtlich Fortschritte zu verzeichnen gab, die mich für mein Schreibvorhaben wieder etwas zuversichtlicher stimmten und die möglicherweise auf meine anregende neue Lektüre zurückzuführen waren. Nach dem Buch über den hoffnungslosen

Guerillakrieg der nach dem Bürgerkrieg untergetauchten Widerstandskämpfer hatte ich nämlich den Roman *L'Espoir* von André Malraux zu lesen begonnen.

Aber noch bevor ich mich an den Schreibtisch gesetzt hatte, war ich auch heute mit dem blauen Eimer an der Hand zum Dorf hinaus in meinen *huerto* gegangen.

Dabei waren mir auf halbem Weg zur Brücke hinunter der alte Eugenio und seine Frau entgegengekommen.

Wohin ich gehen würde, wollten sie wissen.

In den *huerto,* hatte ich geantwortet. Dort bleibt mir noch mindestens ein Eimer Kartoffeln auszugraben.

Das sei ja gut, sagte der alte Eugenio, aber ob ich wissen würde, dass ich die Kartoffeln danach zum Trocknen schön in einer Ecke am Boden verteilen müsse?

Während er mit seinen Armen eine Ecke andeutete und dann mit den Händen eine Bewegung machte, als würde er etwas ausbreiten, nickte ich und sah unter seinem Hemd kurz das Heftpflaster über seinem Herzschrittmacher.

Und ihr? Wohin seid ihr unterwegs?, fragte ich dann.

Sie hätten den Müll zur Sammelstelle gebracht, sagte Eugenio, und weil seine Frau hinzufügte, dass sie noch heute von ihrem Sohn abgeholt werden würden und dass für sie der Sommer im Dorf leider zu Ende ginge, verabschiedeten wir uns und wünschten uns alles Gute.

Kurz darauf, beim Weitergehen hinunter zur Brücke, hörte ich, wie im dichten Blattwerk eines Baumes neben der Straße eine Mandel herunterfiel. Noch bevor ich auch sehen konnte, wie diese Mandel am Boden noch einmal aufsprang, zur Seite kullerte und dann liegenblieb, war mir bewusst geworden, dass die Zeit der Mandelernte unmittelbar bevorstehen musste.

Bald wird das ganze Dorf – Männer und Frauen – die langen Stangen aus den Schuppen hervorholen, um damit auf die armen Mandelbäume einzuschlagen, als hätten sich diese etwas ganz Schlimmes zuschulden kommen lassen. Noch während ich daran dachte, wie die Frauen Kopftücher und die Männer Schiebermützen tragen würden, um sich bei diesem Bäumedreschen gegen das herunterfallende Laub zu schützen, sah ich, dass sich dort, wo ich vor zwei oder drei Tagen die Steinbockkötel bemerkt hatte, etwas bewegte.

Es war ein grotesk aufgedunsener und aufgeplusterter, flügellahmer Spatz. Sein kleiner Körper rang hastig atmend nach Luft und Lebenskraft. Sein Gefieder war so zerzaust und verwahrlost, dass ich ihn nicht aufheben wollte. Ich schubste ihn mit dem unteren Rand des blauen Eimers langsam und sanft von der Straße herunter.

Mehrmals kippte er zur Seite wie ein Spielzeug, das neu aufgezogen werden muss, rappelte sich aber gleich wieder auf und atmete ungestüm pumpend weiter.

Als sich von der Brücke her ein Geländewagen mit einem Viehanhänger näherte, erkannte ich am Steuer María Angeles und zeigte mit der Hand auf den Punkt, wo der Spatz auf dem Asphalt saß.

Wie ich dann auf dem Kanalweg zum *huerto* kam, huschte wieder eine Amsel aus den Tomaten, auch mindestens zwei Rotkehlchen machten sich piepsend wie Küken davon, und irgendwo aus einem nahen Gebüsch hörte ich eine Vogelstimme, die klang wie das Quietschen eines schlecht geölten Fahrrads, aber anders als befürchtet, gab es keinen Schaden zu verzeichnen. Um meiner Erleichterung darüber Ausdruck zu geben, hatte ich mich schon auf die aufgeschichteten Steine gesetzt, wo ich dann auf der Suche nach einem Stift in der einen Hosentasche zwar noch ein paar Bohnen entdeckte, auch einen Radiergummi, eine ausgetrocknete Knoblauchzehe und in der andern Tasche mehrere Eicheln sowie den roten Stein, den ich am Schreibtisch gedankenlos eingesteckt haben musste, aber nirgends einen Bleistift und auch keinen Kugelschreiber.

Weil ich in den Lücken zwischen den Steinen der Stützmauer immer mal wieder ein Messer, die Gartenschere, das Steckholz oder die Brille hinterlegte, suchte ich dort weiter, aber anstatt etwas zum Schreiben zu finden, stieß ich erst auf die rote Plastikhülse einer Schrotpatrone und dann auf den rostigen, von Hand geschmiedeten kantigen Nagel, den ich beim Hacken der Erde aufgehoben und der mich an die Skulpturen von Alberto Giacometti erinnert hatte.

Erst als ich die ganze Mauer abgesucht hatte, kniete ich mich nieder neben das Beet der Bohnen, um dieses zu jäten, musste mir aber bald eingestehen, dass mir der fehlende Stift sämtliche Pläne durchkreuzte und ich dem Drang, festzuhalten, was mir in Bezug auf mein Schreibvorhaben durch den Kopf ging, nicht widerstehen können würde.

Zusammen mit dem Notizbuch hatte ich mir die Patronenhülse und den Nagel in eine Tasche gesteckt und hatte mich, ohne eine einzige Kartoffel ausgegraben zu haben, auf den Weg zurück gemacht.

Der Spatz hatte noch an der gleichen Stelle am

Straßenrand gesessen, noch heftiger atmend, noch heftiger ringend, wie mir schien, und ich hatte mir kurz überlegt, ob ich ihn von seinem Leiden erlösen sollte, aber allein schon um diesen Gedanken ganz zu Ende zu denken, fehlte mir der Mut.

Am folgenden Tag hatte ich dann tatsächlich Nachbar Joaquín mit einem Korb unter dem Arm und einer langen Stange auf der Schulter angetroffen, und am nächsten Morgen hörte ich beim Aufwachen außer dem Gezwitscher der Vögel und dem fernen Bimmeln einer Schafherde nun auch die Schläge, die ins Laub der Mandelbäume fuhren. Rund um das Dorf war man schon früh am Werk. Ich hörte, wie Äste brachen; ich hörte, wie es Mandeln hagelte. Ohne, dass ich auf den Balkon treten musste, um es mit eigenen Augen zu sehen, wusste ich, wie jetzt mit weit über den Kopf erhobenen Armen mit den Stangen ausgeholt wurde, um von oben, und mit Stöcken und Stecken auch von unten, auf die Bäume einzuschlagen, unter welchen man große Tücher ausgebreitet haben würde.

Schon am Abend dieses Tages hörte ich auf dem Dorfplatz vor der Taverne, wo ich bei einem Bier meine Mails herunterlud, aus einem der Häuser, wie auf einem Holzklotz mit einem Hammer frisch geerntete Mandeln geöffnet wurden.

Es war ein stetiges, sanftes Klopfen, das begleitet wurde von dem leisen Knacken der berstenden Schalen.

Der Überfall

Wenige Tage später muss ich, wiederum vom Balkon aus, beobachtet haben, wie eine Krähe vom *Castillo* her über die Dächer des Dorfs hinweg zum Kirchturm flog, dort eine Runde drehte und, noch immer quakend wie eine Ente, wieder verschwand. Auch zu der Tatsache, dass inzwischen die Mandeln an den Ästen über der Hängematte, in der ich gebannt in dem Roman von Malraux weiterlas, ebenfalls ihren äußeren, samtgrünen Mantel zu sprengen begonnen hatten, gibt es in meinem Notizbuch einen Hinweis.

Und mehr als einmal muss ich einem Marienkäfer begegnet sein.

Nur zu dem Einfall der Steinböcke habe ich offensichtlich kein einziges Wort verloren.

Aber ich erinnere mich genau, dass Señora Angelina dabei war, auf dem Balkon ihres Hauses Wäsche zu hängen, als ich an jenem Tag zum Dorf hinausging. Sie nickte mir mehrmals zu und sagte: *¡Buenos días!*

¡Buenos días!, sagte auch ich und sie fragte: *¿Al huerto?*

Si, al huerto, antwortete ich ebenso kurz und nickte dazu ebenso freundlich.

Da habe man halt immer etwas zu tun, hatte sie weiternickend auch noch gesagt.

Ich erinnere mich auch, dass bei dem Feigenbaum vor dem Dorfeingang Aureliano stand, als hätte er auf mich gewartet.

Er hatte sein unmögliches Viech im Arm und sagte, in diesem Jahr habe er noch keine einzige Feige essen können. Immer wenn eine reif sei, kämen ihm die Vögel zuvor.

Indem er ein paar Äste auseinanderdrückte, hatte er auf eine Feige gezeigt, die auf einer Seite angeknabbert war.

Siehst du?

Bestimmt hatte er auch wieder gekichert.

Ob ich ihm dies vielleicht bitte schön erklären könne?

Gleichzeitig hatte das Biest mit den messerscharfen Zähnen auf seinem Arm zu knurren begonnen.

Und den Mond hatte ich gesehen.

Ich erinnere mich sogar, dass mir zu diesem Mond wieder einmal nichts einfallen wollte und ich mir beim Weitergehen gesagt hatte, du könntest wenigstens noch zur Kenntnis nehmen, dass sie schön ist, diese edle halbe Scheibe dort am blauen Himmel über dem *Castillo.*

Vermutlich war ich auch weiter in Gedanken versunken gewesen, denn von oben, vom Weg beim Kanal herunter, war mir erst gar nichts aufgefallen. Ich hörte die Vögel, das Rauschen des Windes in den Pappeln, auch wieder das Schreien einer Krähe. Dann aber den Aufschlag eines Steines im Geröll, gleich darauf das Bellen eines Hundes, der hinter der Kapelle den felsigen Hang hinaufkläffte, und schließlich einen Pfiff.

Als ich in den *huerto* hinunterstieg und sich das Ausmaß des Schadens offenbarte, dachte ich, der Hund sei wohl hinter den fliehenden Steinböcken her und jemand versuche, ihn zurückzupfeifen.

Der arme *huerto* sah aus, als hätte jemand eine Büffelherde hindurchgetrieben. Die eben noch so stolzen Peperonipflanzen waren zertrampelt, die Bohnenstangen lagen kreuzweise und kahlgefressen neben der niedergestreckten Vogelscheuche am Boden, die Sonnenblumen waren eingeknickt, der Rest des Salates war ratzekahl weggeputzt, das Beet aufgewühlt, die Äpfel alle verschwunden und ein besonders schlecht erzogener Bock hatte sich am Stamm eines Olivenbäumchens so lange die Hörner gewetzt, bis es eingeknickt war. Auch die Tomaten waren verwüstet, ihr Holzgerüst eingestürzt.

Als Erstes versuchte ich vergebens, den kleinen Olivenbaum aufzurichten, deckte dann die freigelegten Teile der Wurzel wieder mit Erde zu und begann, die zerfetzten Gurkenstauden auszureißen. Ich warf alles, was von den Bohnenstauden übrigblieb, auf einen Haufen, und als ich auch die zertrampelten Peperoni aus dem Boden riss, stand Joaquín kopfschüttelnd mit seinem hechelnden Hund an der Seite oben auf der Mauer.

Immerhin hat ihnen dein Hund einen Schrecken eingejagt, ich habe ihn gehört, sagte ich. Aber Joaquín meinte: Das waren keine Steinböcke, das war ein Fuchs.

Ohne ein Wort zu den Verwüstungen zu verlieren, sagte er dann, gut, dass ich die Stauden ausreißen würde und die Beete saubermachte, es könne gut sein, dass er mir über den Winter einmal mit der Gartenfräse alles umpflüge, damit bis zum nächsten Frühjahr nicht allzu viel Unkraut nachwachse.

Sehr gut, das sei sehr freundlich, *muchas gracias*, sagte ich, und während ich für mich noch dachte, dass dann der Mond hoffentlich richtig stehe, sagte er: Vielleicht mache ich das schon nächste Woche, denn am Mittwoch ist Vollmond.

Später, als ich zurück ins Dorf hinauf ging, standen Aureliano, Marcos und Gonzalo zusammen vor der Taverne.

Aureliano hatte noch immer das Biest auf dem Arm, und alle drei schüttelten vieldeutig den Kopf.

Ihm hätten sie den Salat bis auf die Wurzeln abgefressen, aber auch im Blumenkohl haben sie sich bedient, sagte Gonzalo, um noch hinzuzufügen: *El huerto es una lotería*. Alles Glücksache.

Und während Aureliano sagte: *¡La escopeta!*, da helfe nur eine Flinte, zuckte Marcos mit den Schultern, griff nach seinen Zigaretten und sagte: *Cosas de la vida.* So spielt das Leben.

Die Totenmesse, die Fliege und die Schlacht um Madrid

Wieder und wieder landete der weiße Schmetterling auf der Himmelsblüte, und daneben im knallroten Hibiskuskelch suchte eine Biene vergeblich den Ausgang, aber was mir in den offenen Mund geflogen war und was ich versehentlich hinunterschluckte, war wohl nur eine Mücke.

Noch immer holte ich nachmittags die Hängematte hervor, hängte ein Ende an den Haken an der Hauswand, das andere mit einem Seil über den vorne abgesägten Ast am großen Mandelbaum und legte mich lesend unter den blauen Himmel.

Versunken in *L'Espoir* flog ich mit den Piloten von André Malraux durch die Lüfte, mischte mich ein in ihre kriegerischen Heldentaten, teilte Schmach und Entsetzen dieser hoffnungslos schlecht ausgerüsteten Freiwilligen der Internationalen Brigaden im Spanischen Bürgerkrieg.

Dieser Krieg war für mich schon zu einem modernen Mythos geworden, zu einem fast romantischen Krieg, in welchem sich Gut und Böse noch leicht unterscheiden ließen, aber für die Menschen im Dorf ist dies der Krieg schlechthin, auch wenn diejenigen, die ihn noch selbst erlebt haben, am Wegsterben sind. Seine Auswirkungen wuchern weiter wie die Wurzeln unsichtbarer Bäume im Boden der Geschichte Spaniens. Nie wird hier von einem Ersten oder einem Zweiten Weltkrieg gesprochen, wirkliche Bedeutung hat nur dieser eine Krieg. *¡La guerra!* Das ist *der* Krieg!

Und während ich in der Hängematte unter dem Mandelbaum von den tapferen Piloten mit ihren fliegenden Kisten las, sah ich, wenn ich zwischendurch zu dem tiefblauen Himmel aufschaute, eine Kursmaschine und dann gleich noch eine, und noch bevor die erste aus meinem Blickfeld verschwunden war, tauchte die nächste auf. Wie in einer langgestreckten Kolonne krochen die silbrigweißen Flieger weit oben am Himmelszelt über meine kleine Welt hinweg, in welcher ich mich an diesem dicken Roman festklammerte und den anhaltenden Altweibersommer, der einfach nicht einbrechen wollte, Minute für Minute auskostete. Ich erinnere mich auch, wie wehmütig ich an die weißen Sonnenvorhänge dachte, die jetzt nicht mehr auf dem Balkon des Schlafzimmers hinten, sondern zum Trocknen vor dem Haus an der Wäscheleine hingen und dort unvermeidlich meine Abreise ankündigten.

Später ging ich runter ins Dorf, um an einem der kleinen Tische vor der Taverne ein Bier zu trinken, meine Mailbox zu öffnen und einen Blick in die Zeitung zu werfen.

Die Zeitung hatte zwar José de Blas vor sich ausgebreitet, aber sobald er mich sah, faltete er sie zusammen und reichte sie mir.

Einmal mehr sagte er: Hier, nimm, es sind sowieso nur Lügen! Alles Lügen! *¡Son solamente mentiras! ¡Todo mentiras!*

Noch bevor ich ihm etwas entgegnen konnte, sah ich Nachbarin Pilar auf mich zukommen. Sie trug einen Stoffsack am Arm und wollte in der Taverne ihre Brote abholen, die zweimal in der Woche direkt ins Dorf geliefert wurden.

Sie grüßte mich und fragte, ob ich gehört hätte, dass Teodoríco, der Bruder der Señora Remedios, gestorben sei?

Gestern, sagte sie.

Obschon Teodoríco während der letzten Jahre bei den Nonnen im Altersheim von Morella gelebt habe, finde die Totenmesse hier im Dorf statt, sagte sie.

Morgen um 11 Uhr.

Ob ich mich an ihn, an Teodoríco, erinnern

könne? Ich hätte ihn bestimmt noch gekannt. Er sei ein Jahr älter oder vielleicht auch ein Jahr jünger als ihr Mann, also etwa 85 oder 87 Jahre alt.

Ich erinnerte mich sehr gut an Teodoríco, wollte dies auch sagen, aber Nachbarin Pilar trat näher an mich heran, beugte sich vor und sagte mir eindringlich direkt ins Ohr, dass man gegen das Sterben nichts machen könne.

Nein, gegen das Sterben kann man nichts machen, wiederholte sie.

So sei das Leben. *¡Así es la vida!*

Jemand müsse uns schließlich rausholen aus der Welt und das sei halt der Tod.

Es war auch dort, genau an diesem kleinen Tisch, gewesen, dass ein paar Tage vorher, ebenfalls als ich dort gesessen hatte, um die Zeitung zu lesen und mein elektronisches Postfach zu öffnen, sich Ramón neben mich gestellt, auf die Zeitung gezeigt und genau wie José de Blas gesagt hatte: Alles Lügen! In der Zeitung stünden nur *mentiras.* Dann hatte er die Finger gespreizt, seine Hände plötzlich ausgebreitet über die Tastatur meines Notebooks gehalten und gefragt: Was machst du, wenn ich dir jetzt mit meinen harten, schwieligen Händen da draufhaue?

Natürlich hatte er dazu gelacht und dann mit der zappelnden Zigarre im linken Mundwinkel über seinen Witz gekichert wie ein Kind. Ich hatte den Kopf geschüttelt, mitgelacht und dachte nun, dass José de Blas sie wenigstens liest, diese Lügen, vielleicht sogar weiß, wovon er spricht.

Am nächsten Tag vor der Kirche auf dem Dorfplatz erschöpfte sich das Gespräch vorerst darin, dass man mit den Schultern zuckte und sich weiter gegenseitig versicherte, so sei das Leben. *Así es la vida.* Der alte Marcos sagte es gleich zweimal, dann Ramón, dann der Bruder von Ramón, dann Gonzalo und schließlich Marcos noch einmal. *Así es la vida.* Wir standen dort im Kreis neben dem hinten schon geöffneten Leichenwagen mit dem Sarg und warteten auf den Priester und den Beginn der Totenmesse. Weil ich nicht als Einziger stumm bleiben wollte, mir aber nichts Besseres einfiel, wiederholte ich es auch noch einmal: *Si, así es la vida.*

Dazu stellte ich mir den Verstorbenen im Sarg vor. Bestimmt hatte man ihm seinen Anzug angezogen, und bestimmt hatte er den ihm zu Lebzeiten eigenen, strengen Ausdruck im jetzt geschminkten Gesicht.

Wie vor jeder Messe hatte der als Sigrist amtierende Abelardo dreimal am Seil ziehend die Glocke geläutet. Beim ersten Mal hatte ich mich umgezogen, beim zweiten war ich in die Schuhe geschlüpft und beim dritten Läuten war ich aus dem Haus gegangen.

In der Mitte der versammelten Nachbarn befand sich Señora Remedios in ihrem Rollstuhl, mit welchem ihre Enkelin Rosario sie hergebracht hatte. Señora Remedios sagte gerade, dass es gut sei für ihren Bruder, dass er endlich gestorben sei, und ohne mich vorerst zu grüßen, sagte sie mir, dass ich keinesfalls 86 Jahre alt werden, sondern bitte vorher sterben solle! Während ihre Enkelin hinter ihrem Rücken dazu entsetzt und ungläubig den Kopf schüttelte, sagte sie auch noch, dass alle früher, viel früher sterben sollten und dass der Bruder auch früher hätte sterben sollen und froh sein könne, dass er jetzt endlich habe sterben können. Es sei viel besser so, dass er jetzt endlich gestorben sei. Und als ob sie befürchtete, dass ich es vergessen könnte, wiederholte sie es noch einmal direkt an mich gewandt: Alle sollten viel früher sterben, niemand sollte 86 Jahre alt werden wie ihr Bruder Teodorico, der zu seinem eigenen Leidwesen unfähig gewesen sei, zum angebrachten Zeitpunkt zu sterben.

Abends, im Bett, las ich weiter in dem Buch von Malraux. Mittlerweile tobte darin schon die

Schlacht um Madrid, in welcher die tapferen Piloten ihren hoffnungslosen Heldenkampf auf die Spitze trieben, und als ich einmal aufstand, um die Balkontür des Schlafzimmers noch weiter zu öffnen, bemerkte ich, dass der Mond voll und leuchtend weiß wie Schnee am Himmel stand. Der Mond stand auch genau über der Spitze des Kirchturms, dessen Anblick mich in Gedanken in die Totenmesse für Teodoríco zurückversetzte und mich veranlasste, ein paar Worte zu dieser aufzuschreiben.

Beim Weiterlesen über die Schlacht um Madrid, bedachte ich, dass ich schon am übernächsten Tag auf meiner Heimreise durch das Kampfgebiet der Schlacht am Ebro fahren würde, und es wurde mir abermals bewusst, wie unausweichlich dieser Bürgerkrieg zu diesem Land und besonders zu dieser Landschaft hier gehörte. Zu dieser Landschaft, aus der die Häuser des Dorfes herausgewachsen waren wie Bäume und Sträucher und über welcher jetzt draußen in der mondbeschienenen Nacht, jenseits des Zirpens der Grillen, wieder jenes leise Rauschen der Stille aufkam, das zweifellos zu den allerschönsten vorstellbaren Geräuschen gehört, das aber gerade jetzt von einer lästigen Fliege durchkreuzt wurde, von einer dicken, plumpen Fliege, die um meine Leselampe auf dem Tisch neben dem Bett, dann auf unangenehme Weise mir um die

Nase surrte, als hätte sie es darauf abgesehen, mich gegen sie aufzubringen. Es war ein schwerfälliges, ermattetes Ding, das sich auch noch erdreistete, sich mir auf die Buchseite mitten in die Schlacht um Madrid zu setzen, dort plötzlich meinte, vielbeinig auf den Buchstaben herumspazieren zu müssen, wo ich einmal mehr vom ungleichen Kampf der Jagdflinten gegen Maschinengewehre las, wo die Freiwilligen der Internationalen Brigaden reihenweise fielen, wo ich las, wie man im fürchterlichsten Blutvergießen hinter den Linien auf die Gewehre der gefallenen Kameraden wartete, wo ich las, wie mutig sich die unerfahrenen jungen Männer in den Kampf stürzten, und ich endlich, erbost über diese dicke, träge, lästige Störung, mich nicht mehr beherrschen konnte und kurzerhand das Buch zuklappte. Ein sanfter, satter Knall durchriss die Stille, aber anders als befürchtet, hinterließ mein Opfer auf dem Papier keine unerträglichen Spuren. Ich sah kein rotes Fliegenblut auf der Buchseite, auf welcher das reichlich vergossene Blut der Verwundeten und Toten der Schlacht um Madrid eben gerade noch so eindringlich, während es auf den Boden tropfte, als hellbraun beschrieben worden war.

Als ich das Buch wieder aufgeklappt hatte, um mich der toten Fliege zu entledigen, war zwischen den Seiten der Zettel rausgerutscht, auf welchem ich vorher in Stichworten die paar flüchtigen Notizen zu der Totenmesse für Teodoríco gemacht hatte, weil mir diese nicht aus dem Kopf wollte. Einmal mehr hatte ich mich über das Gemurmel der Frauen gewundert, die das Gebet des Priesters inbrünstig begleiteten. Die können, hatte ich gedacht, all diese Formeln von Sünde und Vergebung, von Barmherzigkeit und Tod, die der Priester immer zu wiederholen scheint, sogar auswendig. Aber auch das Wort »Telefon« hatte ich beim Lesen über die Schlacht von Madrid aufgeschrieben, um nicht zu vergessen, wie eine Nichte des Verstorbenen mitten in einem Gebet mit ihrem Handy am Ohr die Kirche verlassen hatte. Und einmal mehr war mir während der Messe die Behauptung, dass der Verstorbene jetzt in Frieden leben werde und dass sich die Angehörigen damit trösten sollten, dass er eingegangen sei ins ewige Leben, ziemlich unverfroren vorgekommen. Ohne die Hilfe eines Stichwortes erinnerte ich mich auch, wie reflexartig sich die Männer mit ihren klammen Bauernhänden in die Hosentaschen griffen, sobald sich Nachbarin Señora Pilar erhob und sich anschickte, wie es ihr Amt war, mit einem blechernen Teller die Almosen einzusammeln. Ich erinnerte mich auch, dass die Frauen schön sangen, dass es angenehm war, wie sie mit ihren Stimmen das Kirchenschiff füllten. Jetzt geben wir uns alle brüderlich die Hand, hatte der Priester dann gesagt, und als mir erst Señora Dolores und ihr Mann Gonzalo aus der Reihe vor mir und dann Ramón, der neben mir stand, die Hand gaben, kam mir letztere weich und warm, überhaupt nicht so schwielig vor, wie Ramón selbst behauptet hatte.

Aber jetzt, im Bett mit meinem Roman in meinen Händen, erinnerte ich mich, wie ich mehrmals gehört hatte, dass damals, als in Madrid die Menschen wie die Fliegen starben, diese kleine, unschuldige Dorfkirche ausgeräumt und zum Lagerschuppen umfunktioniert worden war. Auch als Garage hatte sie der Kooperative gedient, die damals im Dorf gegründet worden war, und ein kleiner Traktor, der erste und einzige weit und breit, soll mit der größten Selbstverständlichkeit durch das große Tor rein- und rausgeknattert sein. Wie vielerorts damals hatten sich die ärmsten Bauern zusammengetan, hatten die Kirche beschlagnahmt und den Priester aus dem Dorf gejagt, um ihn später, zusammen mit fünf oder sechs anderen Geistlichen der Region, an einer unwegsamen, heute durch ein eisernes Kreuz markierten Stelle hinter dem Pass auf dem Weg an die Küste hinunter kurzerhand zu erschießen.

Und dann war Mitternacht. Die Glocke schlug zwölf Mal und noch einmal zwölf Mal und zwar von dem vertrauten, unüberhörbaren Scheppern begleitet, das daher rührte, dass man im Jubel der kurzlebigen sozialen Revolution auch diese Glocke in einem vermeintlichen Akt der Befreiung vom Kirchturm heruntergeschmissen hatte. Nachdem die Front der republikanischen Truppen kurz darauf kampflos weit über das Dorf und die ganze Gegend hinaus bis zum Ebro zurückgedrängt worden war, sollen die gleichen Leute von den Siegern gezwungen worden sein, die heruntergeworfene Glocke wieder hinaufzuziehen.

Epilog

Beim Aufwachen hörte ich die Geräusche des Regens auf den Dächern: Rieseln, Rinnen, Tropfen, Plätschern. Und dies am Tag vor meiner Abreise, ging es mir durch den Kopf.

Später, als sich der Himmel wieder aufgehellt und ich einen stattlichen Sack Kartoffeln hinten in den Volvo geladen hatte, war ich noch einmal in den *huerto* gegangen. Joaquín hatte tatsächlich sämtliche Beete untergepflügt und die ganze, mittlerweile freigelegte Ackerfläche kam mir riesig, auch kahl und grau vor, aber noch grüßte mich ein halbes Dutzend Rosen weiß und rot.

Auf dem Weg zurück ins Dorf hörte ich das Bimmeln einer Herde. Ich blieb stehen, spitzte meine Ohren und verfolgte, wie sie sich hinter der Kapelle den terrassierten Hang hinauffraß. Ich sah nur die schwarzen Schafe, die weißen verschmolzen mit dem schon wieder sonnenbeschienenen Kalkstein. Auch den Hirten hatte ich gesehen. Mit kräftigen Schritten und mit einem Stock ging er voraus. Ob es Ramon war, konnte ich nicht erkennen.

Kurz darauf musste ich am Schreibtisch hören, wie mir die Uhr die Zeit wegzuckte, aber auch, wie sich die Aluminiumketten des Fliegenvorhangs bewegten, wie sie erst sachte, dann aber immer stärker gegen den Holzrahmen des Fensters schlugen.

Der *cierzo,* der Nordwind, hatte wieder am Hut des Kamins zu rütteln begonnen, und während er sich immer neu vor den Dächern der Nachbarhäuser aufbäumte und schnaubte, hatte ich in meinem Schrank äußerst widerwillig nach einem Paar Socken gesucht.

Von den Steinen des Dorfes hatte ich zu schreiben begonnen und hatte auch noch etliche Stichwörter im Notizbuch, die ich vor meiner Abreise unbedingt abtragen wollte.

Morgen würde ich fahren, hinauf nach Morella, dann hinunter an die Küste, aber vorher musste ich noch festhalten, dass es bei diesen Steinen nicht immer nur um das eine geht.

Es geht auch um das andere, also um die Steine und um die Schrift, schrieb ich.

An meinem letzten Tag wollte ich die Steine noch einmal mit der Feder sehen, wollte meine Worte so zu Sätzen aufschichten, wie die Menschen des Dorfes die Stützmauern aufgeschichtet haben, um

Wind und Wetter zu trotzen, um die Erosion aufzuhalten, um überhaupt zu beackerbarem Boden zu kommen. Sie haben die Steine aus den Geröllhalden geholt und damit ihre Häuser aufgerichtet. Sie haben die Steine befühlt, ausgewählt, aufgehoben, geschleppt, getragen, gekarrt, gesetzt.

Steinklumpen haben sie zu Bausteinen gemacht.

Sie haben sie gedreht und wieder gedreht, bis sie sich fest einfügten, fest saßen und auf ewig hielten, ohne Zement, nur aus der Kraft des eigenen Gewichts.

Dazu muss man langsam vorgehen, sehr langsam.

Langsam wie beim Hacken der Äcker, schrieb ich.

Und möglichst so, dass keine Arbeit zweimal geleistet werden musste.

Genau so haben sie ihre Häuser gebaut und ihre Äcker terrassiert, Stein auf Stein, und die kleineren Steine immer schön dahinter, damit sie sich von alleine die Lücken suchten, die Löcher stopften und sich verankerten, verfestigten in der Erde, und dies über Monate, über Jahre und Generationen hinweg.

Obschon gegen Abend der Nordwind noch stärker blies, hörte ich nicht auf zu schreiben. Längst füllte das Brausen über den Dächern des Dorfes auch das ganze Haus, aber ich hatte in der Küche Feuer gemacht und schrieb.

Um zu überblicken, was meine nicht ermüdende Hand alles erfasste, blieb mir keine Zeit. Bis zur letzten Minute vor der Abreise wollte ich weiterschreiben.

*Bitte beachten Sie
auch die folgenden Seiten*

Beat Sterchi

Blösch

Roman

Blösch handelt vom Leben eines Spaniers, der als Knecht auf einen Bauernhof kommt, von seinem friedlichen Leben mit den Kühen und von den nicht so friedlichen Dorfbewohnern. Beat Sterchi erhielt für diesen Roman den ZDF-Aspekte-Literaturpreis.

»Ohne damit einen Rang- oder Stilvergleich anstellen zu wollen: Sterchis *Blösch* fährt in unsere dünnblütige Literaturwelt hinein wie einst *Die Blechtrommel* in die wechselnden Realismen der Nachkriegsliteratur.«
Heinz Ludwig Arnold / Der Spiegel, Hamburg

»Ein wahnsinniges Buch, ein Erstlingsbuch und ein großes Buch. Ein tolles Buch. Kraft, Sprache, Form, Inhalt. Nichts Weinerliches, kein Lehrerton, keine verkrampfte Modernität, das ist einfach da, so, nehmt mich hin oder nicht, glaubt's oder nicht.«
Reinhardt Stumm / Basler Zeitung

»Was macht man nur mit einem solchen Buch? Man liest es gleich ein zweites Mal. Und hört auch dann nicht auf, sich zu wundern. Ein wilder, dämonischer und ein zugleich langsamer, magisch poetischer Roman.« *Rolf Michaelis / Die Zeit, Hamburg*

Meir Shalev
Mein Wildgarten
Aus dem Hebräischen von
Ruth Achlama
Mit 40 Illustrationen von
Refaella Shir

Ein Garten im Norden Israels, mit Anemonen, Mohnblumen, Alpenveilchen, Klematis, mit Feigen, Birnen und einem alten Zitronenbaum. Der israelische Schriftsteller Meir Shalev hat in der freien Natur Samen gesammelt und diesen Garten angelegt, der so wild und bunt sprießt wie seine Phantasie. »Dieses Buch«, schreibt er, »ist weder ein Gartenratgeber noch ein Lehrbuch für Botanik. Es ist nur eine Sammlung von Notizen über einen Wildgarten und über einen Gärtner, der ihn hegt und pflegt, einen Mann, der recht spät ein Hobby gefunden hat, vielleicht sogar eine neue Liebe.«
In Meir Shalevs Garten blühen tausend Geschichten über das Leben, die Liebe, die Kunst und die Natur. Er verrät uns aber auch Praktisches über den Umgang mit Blumen und Schädlingen, über das Einlegen von Oliven und Gurken und über die Kunst, einen guten Limoncello herzustellen.

»Meir Shalev ist ein begnadeter Fabulierer.«
Elmar Krekeler / Die Welt, Berlin

Sue Hubbell

Leben auf dem Land

Aus dem Amerikanischen
von Barbara Heller
Mit einem Nachwort
von J. M. G. Le Clézio

Haben Sie schon einmal den sanften Wind gespürt, wenn sechzigtausend Bienen ihre Flügel schlagen? Wussten Sie, dass Fledermäuse sich nicht nur untereinander, sondern auch mit Nachtfaltern – also ihrem Abendessen – unterhalten? Dass brave Haushunde sich in Kojotinnen verlieben können?
Als nach dreißig Jahren ihre Ehe zu Ende ging, saß Sue Hubbell plötzlich allein auf ihrer Bienenfarm im nördlichen Missouri. Die Natur, die sie umgab, bedeutete nicht nur Trost (und viel Arbeit): Sie zeigte Sue Hubbell, dass es letztlich darum geht, seinen Platz darin zu finden. Mit lakonischem Humor berichtet die schreibende Imkerin von ihren fünf Jahreszeiten auf dem Land und öffnet uns die Augen für dessen Schönheit, Poesie und manchmal fast komisch anmutende Perfektion.

»Ich habe oft von einem Buch geträumt, das von den sichtbaren und unsichtbaren Geheimnissen der Welt handeln würde. Dies ist so ein Buch.«
J. M. G. Le Clézio in seinem Nachwort

»Eines der meistgeliebten Bücher über das Leben auf dem Land.« *Los Angeles Times*

»Was für ein schönes Buch, ganz unsentimental und trotzdem Balsam für die Seele.« *Donna Leon*

H.D. Thoreau
Walden oder Leben in den Wäldern

Aus dem Amerikanischen von Emma Emmerich und Tatjana Fischer. Mit Anmerkungen, Chronik und Register. Vorwort von Walter E. Richartz

»Die bemitleidenswerteste Klasse sind die Menschen, die Geld aufgehäuft haben und nichts Besseres damit anzufangen wissen, als neues Geld aufzuhäufen...« Sechs Jahre nach dem *Kommunistischen Manifest* lieferte Henry David Thoreau unter dem täuschend gemütvollen Titel *Leben in den Wäldern* ein Alternativprogramm zu Marx und Engels, das als zweite klassische Protestform des 19. Jahrhunderts bis heute fortwirkt. Marx versprach eine Welt ohne Ausbeuter nach der Weltrevolution – Thoreau mochte so lange nicht warten. Marx lehrte den gewaltsamen Umsturz – Thoreau praktizierte die Weigerung und inspirierte damit Gandhi und die französische Résistance, englische Gewerkschaften und die amerikanische Bürgerrechtsbewegung, Hippies und Wehrdienstverweigerer. Egon Friedell nannte ihn einen neuen Franz von Assisi, die Literaturgeschichte vergleicht ihn mit Montaigne – Thoreau wollte nur »Muße zum wirklichen Leben«.
Hermann Hesse – auch ein Thoreau-Schüler – über *Walden:* »Die amerikanische Literatur, so kühn und großartig sie ist, hat kein schöneres und tieferes Buch aufzuweisen.«

Auszüge aus *Walden* auch als Diogenes Hörbuch erschienen: *Wo und wofür ich lebte*, gelesen von Burghart Klaußner

Ralph Waldo Emerson
Natur

Herausgegeben
und aus dem Amerikanischen übertragen
von Harald Kiczka
Mit einem Nachruf auf Emerson von
Herman Grimm

Diese 1836 erschienenen Überlegungen sind, neben den Schriften von Emersons Schüler Henry David Thoreau, bis heute der bedeutendste amerikanische Beitrag über das Verhältnis des Menschen zur Natur.

»Zu Lebzeiten als Prophet verehrt, bei seinem Tod von ganz Amerika betrauert, war Emersons Einfluss auch in Deutschland groß. Seine Theorie der Natur, des Lebendigen, der Schöpfung ist kein System der Naturwissenschaft, sondern der Versuch, alles Sichtbare in einfache Kategorien zu bringen und den Menschen in den Mittelpunkt zu stellen. Die Souveränität der Persönlichkeit, der unabhängige Mensch war sein Anliegen.« *Österreichischer Rundfunk, Wien*

»Es ist zwecklos, ja unmöglich, Emersons Philosophie zu reproduzieren oder zu erläutern, denn wie ein Kristall oder eine Landschaft beschreibt und kommentiert er sich selbst. Seine Sätze sind da, unvorbereitet, undiskutierbar, gleich Matrosensignalen aus einer nebelhaften Tiefe. Man kann Emerson nicht widersprechen. Seine überzeugende Kraft beruht ja eben darauf, dass er alles aus seinem inneren Diktat schöpft und nichts dazutut. Er hält still, lauscht auf sein Herz und schreibt mit.« *Egon Friedell*

»Ich sehe in ihm eines der wertvollsten Vermächtnisse des nachgoetheschen Jahrhunderts.«
Ernst Robert Curtius

»Emerson hat jene gütige und geistreiche Heiterkeit, welche allen Ernst entmutigt.« *Friedrich Nietzsche*

George Orwell

Mein Katalonien

Bericht über den Spanischen Bürgerkrieg

Aus dem Englischen von Wolfgang Rieger

Ende 1936 kam Orwell als Zeitungsreporter nach Barcelona, um über den Bürgerkrieg zu berichten. Er schloß sich der Miliz der P.O.U.M. an, der Arbeiterpartei der marxistischen Einigung, und kämpfte den Winter über an der Front in Aragonien. Als er wenig später mit ansehen mußte, wie die Kommunisten bei der Ausschaltung der ihnen nicht genehmen Gruppen Methoden der faschistischen Geheimpolizei anwandten, wurde er zu einem der erbittertsten Feinde des sowjetischen Totalitarismus.

»Aus Orwells Bericht, der bei der Linken eine heftige Kontroverse auslöste, spricht die absolute Lauterkeit, die diesen Schriftsteller zum Gewissen seiner Generation machte.« *Kindlers Literatur Lexikon*

»Der Spanische Bürgerkrieg und andere Ereignisse von 1936–37 bewirkten einen Umschwung bei mir, und seitdem wußte ich, wo ich stand. Jede ernsthafte Zeile, die ich seit 1936 geschrieben habe, habe ich, direkt oder indirekt, gegen den Totalitarismus geschrieben.«
George Orwell

»Mit seinen journalistischen Texten ist George Orwell im angelsächsischen Raum mindestens so berühmt und einflußreich geworden wie mit seinen Büchern. Sie verbinden Originalität mit gedanklicher Prägnanz und sprachlicher Anschaulichkeit.«
Stefan Howald / Tages-Anzeiger, Zürich

How to enjoy your Gartenglück

Ein Ratgeber in Geschichten

Ausgewählt von Anna von Planta
und Silvia Zanovello
Mit einer Anleitung von
Martin Walker

Gärtnern tut Körper und Seele gut. Ob Familien auf dem Land, Urban Gardeners in der Stadt, Multikulti in den Schrebergärten – wer kann, bestellt irgendwo ein grünes Fleckchen und fühlt sich dabei wie in den Ferien.
Vom Glück des Bückens, Harkens, Jätens, Säens und Erntens wissen auch Donna Leon, Meir Shalev, Charles Lewinsky und Wladimir Kaminer zu berichten, und Martin Walkers Einführung zeigt, wie man's richtig macht.

»Außer einer neuen Liebe gibt es wohl kaum etwas, das unsere Sinne so anregt wie ein Garten.«
Martin Walker

Gartenglück

Ein Lesebuch
Ausgewählt von Daniel Kampa.
Mit Zeichnungen von Jean-Jacques Sempé

Die Weltliteratur ist ein reicher und bunter Garten voller Geschichten – von denen einige auch im Garten spielen. Denn auch Schriftsteller hatten zuweilen einen grünen Daumen, oder zumindest eine grüne Feder, wie diese Anthologie mit Texten von Elizabeth von Arnim, Hermann Hesse, Eva Demski, Donna Leon, Wladimir Kaminer und vielen anderen zeigt.

»Daniel Kampa vom Diogenes Verlag hat sich für dieses heiterschöne, anregende Gartengedankenbuch nicht nur bei den hauseigenen Autoren bedient, sondern nach Grünton und blühenden Pointen. Der flexible Einband macht es zudem robust genug für eine Lektüre vor Ort.«
Westdeutsche Allgemeine Zeitung, Essen

»›Wenn du einen Garten und dazu noch eine Bibliothek hast, wird es dir an nichts fehlen‹, schrieb Cicero einst. Das hübsche Lesebuch *Gartenglück*, das bei Diogenes erschienen ist, bietet beides. Denn die Weltliteratur ist ein bunter Garten voller Geschichten, und einige Autoren hatten zuweilen einen grünen Daumen oder zumindest eine grüne Feder.«
Tages-Anzeiger, Zürich